끈질긴 믿음의 사람들

끈질긴 믿음의 사람들

지은이 | 강준민
초판 발행 | 2023. 4. 19.
등록번호 | 제1988-000080호
등록된 곳 | 서울특별시 용산구 서빙고로65길 38 두란노빌딩
발행처 | 사단법인 두란노서원
영업부 | 2078-3352   FAX | 080-749-3705
출판부 | 2078-3331

책 값은 뒤표지에 있습니다.
ISBN 978-89-531-4463-7 03230

독자의 의견을 기다립니다.
tpress@duranno.com   http://www.duranno.com

두란노서원은 바울 사도가 3차 전도여행 때 에베소에서 성령 받은 제자들을 따로 세워 하나님의 말씀으로 양육하던 장소입니다. 사도행전 19장 8-20절의 정신에 따라 첫째 목회자를 돕는 사역과 평신도를 훈련시키는 사역, 둘째 세계선교(TIM)와 문서선교(단행본잡지) 사역, 셋째 예수문화 및 경배와 찬양 사역, 그리고 가정·상담 사역 등을 감당하고 있습니다. 1980년 12월 22일에 창립된 두란노서원은 주님 오실 때까지 이 사역들을 계속할 것입니다.

끝까지 물러서지
않는 자에게 주시는
하나님의 복에 관하여

끈질긴 믿음의 사람들

강준민

두란노

포기하지 않으면
아름다운 결실을 맺습니다

이 책은 끈질기신 하나님의 이야기입니다. 하나님은 끈질긴 신뢰와 끈질긴 기대와 끈질긴 사랑으로 우리를 붙잡아 주십니다. 우리가 끈질긴 까닭에 하나님을 끈질기게 붙잡고 있는 것이 아닙니다. 하나님의 끈질기심 때문에 우리가 끈질긴 믿음을 갖게 됩니다. 끈질긴 기도를 드리게 됩니다. 끈질긴 성취를 하게 됩니다. 끈질긴 성품을 형성하게 됩니다.

우리가 배워야 할 하나님의 성품 중 하나는 끈질김입니다. 우리는 너무 쉽게 포기하고 너무 쉽게 낙담합니다. 너무 쉽게 절망합니다. 너무 쉽게 물러납니다. 그런 까닭에 아름다운 결실을 맺지 못할 때가 많습니다. 성경은 믿음은 뒤로 물러서지 않는 것이라고 말씀합니다(히 10:38-39). 성경적 믿음은 앞을 바라보는 것입니다. 위에 계신 하나님을 바라보는 것입니다. 아브라함처럼 갈 바를 알지 못하지만 순종함으로 믿음의 한 걸음을 내딛는 것이 성경적 믿음입니다.

저도 이제 제법 나이를 먹어 갑니다. 그동안 많은 책을 읽고 많은 사람들을 만났습니다. 특별히 성경에 나오는 인물들을 연구했습니다. 하나님이 맡기신 과업을 성취하고, 위대한 삶의 흔적을 남긴 사람들에게서 발견한 공통

점이 있었습니다. 그중 하나가 끈질김입니다. 눈부신 끈기라고 말할 수 있습니다.

끈질김은 중요한 덕목 중 하나입니다. 그 이유는 끈질김이 있어야 목표를 달성할 수 있고 과업을 성취할 수 있으며 필요한 사람을 얻을 수 있기 때문입니다. 끈질김이 있어야 임계점에 이르러 어떤 분야에서든 탁월한 경지에 이를 수 있습니다. 물은 99℃가 아닌 100℃에서 끓습니다. 단 1℃만 모자라도 물이 끓어서 수증기가 되지 않습니다. 이 1℃는 경미해 보이지만 이것에 의해 모든 것이 달라집니다. 놀라운 전환점은 작은 차이, 즉 임계점에 이르느냐 그렇지 못하느냐에 따라 결정됩니다. 임계점에 이르기 위해서는 끈질김이 있어야 합니다.

저는 목회 초기에 책을 읽다가 낙심한 적이 한두 번이 아닙니다. 수많은 좌절을 경험했습니다. 그 이유는 책을 읽고 나면 그 내용이 잘 생각나지 않았기 때문입니다. 제가 읽은 책의 내용을 제 사역에 연결시킬 수가 없었기 때문입니다. 저는 책을 읽고도 그 내용을 기억하지 못한다면 독서가 무슨 소용이 있겠는가 생각하곤 했습니다. 하지만 탁월한 인물들은 평생 학습자라는 사실을 거듭 확인하면서 꾸준히 책을 읽고 또 읽었습니다.

그러던 어느 날입니다. 정말 놀라운 경험을 했습니다. 갑자기 그동안 읽었던 책들이 생각나면서 서로 유기적으로 연결되는 것이었습니다. 글을 쓰거나 설교문을 쓸 때 이전에 읽었던 내용들이 떠오르면서 얼기설기 엮어졌습니다.

나중에야 깨달았습니다. 제가 잊었다고 생각했던 책의 내용이 사실은 무의식에 새겨졌고, 임계점에 이르자 그것들이 서로 연결되어 놀라운 지식을 창출해 낸 것입니다. 마치 남자와 여자가 연합하여 자녀를 낳고 가족을 이루는 것처럼, 지식과 지식이 연합하고 융합하고 통합하여 새로운 지식을 낳았습니다. 지금 이 서문을 쓰는 순간에도 제 안에 스며든 지식들이 함께 춤을 추며 한 문장 한 문장 이어지고 있습니다.

끈질긴 믿음의 근육과 끈질긴 성품을 형성하기 위해서는 끈질김의 중요성과 끈질김의 유익과 끈질김의 혜택을 거듭 기억해야 합니다. 중요한 성품을 형성하기 위해서는 지속적인 자극이 필요합니다. 인생은 자극입니다. 좋은 자극을 통해 의지력이 강화됩니다. 집중력이 심화됩니다. 몰입의 경지에 이르게 됩니다. 제가 독서를 좋아하는 까닭은 독서를 통해 지속적으로 자극받을 수 있기 때문입니다. 제가 끈질김에 관해 책을 쓰는 이유도 독자들에게 끈질김의 중요성을 자극하기 위해서입니다.

끈질김은 항상심입니다. 항상심은 향상심으로 연결됩니다. 향상심은 우리를 지속적으로 향상시켜 줍니다. 위대한 성취나 큰 과업은 하루아침에 이루어지지 않습니다. 특별히 생명과 관계된 것은 일정한 시간을 꼭 필요로 합니다. 끈질김은 성실함입니다. 성실함은 한결같음입니다. 꾸준함입니다. 우리는 성실한 사람을 신뢰하고 그에게 소중한 일을 맡깁니다. 그런 면에서 끈질김은 우리의 삶을 풍요롭게 만드는 성품입니다.

끈질김은 초심과 뒷심이 함께 만나는 것입니다. 초심은 처음 먹은 마음입니다. 첫사랑과 같습니다. 그런 만큼 순수합니다. 많은 사람들이 초심의 중요성은 알지만 그 초심을 꾸준히 가꾸는 사람은 적습니다. 초심을 꾸준히 가꾸기 위해서도 끈질김이 필요합니다. 끈질기게 초심을 가꾸며 주어진 사명을 끝까지 완수하려면 뒷심이 필요합니다. 성취의 끝자락에 가장 많은 힘이 필요합니다. 엄마는 아기를 잉태한 후에 10개월 동안 품는 힘든 과정을 거칩니다. 하지만 가장 힘든 순간은 출산의 순간입니다. 이때 필요한 것이 힘입니다. 바로 뒷심입니다. 뒷심을 통해 아기는 태어납니다. 뒷심은 생명을 태어나게 만드는 힘입니다.

끈질긴 성품을 형성하기 위해서는 우리를 끈질기게 만드는 요소들을 깨닫는 것이 중요합니다. 저를 끈질기게 만든 것은 꿈이었습니다. 하나님이 주신 꿈을 가슴에 품었을 때 저는 끈질긴 사람이 될 수 있었습니다.

하나님이 주신 꿈은 우리를 끈질기게 만듭니다. 저를 끈질기게 만든 것은 사랑입니다. 정말 누군가를 사랑하게 되면 포기하지 않습니다. 물론 사랑은 집착이 아닙니다. 진정한 사랑은 오래 참고 오래 견디며 포기하지 않는 것입니다. 끈질긴 사랑은 마침내 아름다운 결실을 맺습니다. 저를 끈질기게 만든 것은 믿음입니다. 하나님의 약속에 대한 믿음입니다. 믿음이 없다면 끈질길 수 없습니다. 믿음은 숯불과 같아서 가꾸지 않으면 쉽게 식어 버립니다. 믿음의 불꽃을 계속 타오르게 하기 위해서는 성경을 늘 읽어야 합니다. 성령님의 기름 부으심을 받아야 합니다. 그때 하나님의 약속의 말씀을 믿고 끈질긴 기도를 드릴 수 있게 됩니다.

무엇보다 저를 끈질기게 만든 것은 하나님의 사랑입니다. 하나님의 끈질긴 사랑 없이는 어느 누구도 끈질긴 삶을 살 수 없습니다. 우리의 열심보다 중요한 것은 하나님의 열심입니다. 우리의 끈기보다 중요한 것은 하나님의 끈기입니다. 우리의 믿음보다 중요한 것은 하나님의 믿음입니다. 끈질긴 성품을 통해 제가 무엇인가를 성취했다면 그것은 하나님의 사랑 때문에 가능했습니다.

저는 끈질김의 중요성을 깨닫기 원하는 분들을 위해 이 책을 썼습니다. 포기하고 싶을 때 끈질기게 살 수 있도록 자극하기 위해 이 책을 썼습니다. 끈질긴 믿음, 끈질긴 성품, 끈질긴 사랑 그리고 끈질긴 기도를 드리기 원하는 분들에게 이 책이 쓰임 받기를 원합니다.

책 한 권을 출판할 때마다 성심을 다해 주시는 두란노

가족에게 거듭 감사를 드립니다. 제게 끈질김의 중요성을
깨닫게 하시고 끈질긴 성품을 형성시켜 주신 하나님께 감
사를 드립니다.

2023년 로스앤젤레스에서

강준민 드림

1장
끈질긴 인내

오래 참아 약속을 받는다

(히브리서 6:11-15)

저는 끈질긴 믿음의 사람들을 통해 끈질김의 중요성을 나누려고 합니다. 하나님이 쓰신 믿음의 사람들의 특징은 끈질김에 있습니다. 그런데 그들의 생애를 연구해 보면 그들의 끈질김보다 그들을 붙잡고 계시는 하나님의 끈질김이 더욱 강렬한 것을 보게 됩니다. 그래서 우리는 끈질긴 믿음의 사람들을 연구하면서 끈질긴 하나님을 더욱 배우게 될 것입니다.

끈질긴 믿음의 사람들의 원형은 아브라함입니다. 아브라함은 모든 믿는 자의 조상입니다.

아브라함이 바랄 수 없는 중에 바라고 믿었으니 이는 네 후손이 이같으리라 하신 말씀대로 많은 민족의 조상이 되

게 하려 하심이라 롬 4:18

　바울은 아브라함의 믿음에 대해 이야기하는 중에 그가 바랄 수 없는 중에 바라고 믿었다고 말합니다. 또한 아브라함이 모든 믿는 자의 조상임을 강조합니다. 그런 까닭에 우리는 거듭 아브라함에게 돌아가야 합니다. 바울은 예수님을 믿는 자는 모두 아브라함의 후손이라고 말합니다.

　　그런즉 믿음으로 말미암은 자들은 아브라함의 자손인 줄 알지어다 갈 3:7

　또한 믿음으로 말미암은 사람은 아브라함과 함께 복을 받는다고 말합니다.

　　그러므로 믿음으로 말미암은 자는 믿음이 있는 아브라함과 함께 복을 받느니라 갈 3:9

　아브라함과 함께 복을 받는다는 것은 무엇을 의미할까요? 그것은 아브라함이 받은 복을 함께 받는다는 것을 의미합니다. 또한 아브라함이 받은 믿음의 복을 함께 받는 다는 것을 의미합니다. 예수님을 믿는 사람은 무엇보다 믿음의 복을 최고로 알아야 합니다. 왜냐하면 믿음을 통해 구원을 받게 되고, 의롭다 하심을 얻게 되고, 신령한 복을 누릴 수 있기 때문입니다. 영생을 얻게 되기 때문입니다. 또한 하나님이 예비하신 상급을 받기 때문입니다.

> 믿음이 없이는 하나님을 기쁘시게 하지 못하나니 하나님께 나아가는 자는 반드시 그가 계신 것과 또한 그가 자기를 찾는 자들에게 상 주시는 이심을 믿어야 할지니라
>
> 히 11:6

하나님은 우리에게서 믿음을 찾으십니다. 또한 하나님은 우리의 믿음을 따라 역사하십니다. 우리가 아브라함에게서 배울 수 있는 끈질김은 무엇일까요? 우리가 앞으로 함께 공부할 믿음의 사람들의 이야기 속에 나타나는 공통점들을 주의 깊게 살펴보십시오. 그리고 끈질김의 소중함을 배우고, 끈질김의 은혜를 구하며, 끈질김을 훈련하는 시간이 되기 바랍니다.

끈질긴 인내는 끈질긴
하나님의 성품에서 시작된다

아브라함의 이야기는 '아브라함의 하나님'에게서 시작됩니다. 하나님은 아브라함에게 약속을 주시고, 또한 약속한 것을 반드시 이루시겠다고 맹세하셨습니다.

> 하나님이 아브라함에게 약속하실 때에 가리켜 맹세할 자가 자기보다 더 큰 이가 없으므로 자기를 가리켜 맹세하여 히 6:13

히브리서 기자는 아브라함의 인내에 대해 이야기하기 전에 아브라함의 하나님에 대해 이야기합니다. 아브라함이 믿은 하나님은 약속을 주시는 분입니다. 또한 약속한 것을 반드시 이루신다는 뜻에서 맹세하시는 분입니다. 하나님의 약속에는 하나님의 의지가 담겨 있습니다. 하나님의 의지를 확고히 하기 위해 하나님이 맹세까지 하셨습니다. 히브리서 6장 13절의 말씀은 창세기 22장 16절의 앞부분을 인용한 것입니다.

이르시되 여호와께서 이르시기를 내가 나를 가리켜 맹세
하노니 네가 이같이 행하여 네 아들 네 독자도 아끼지 아
니하였은즉 창 22:16

히브리서 6장 14절의 말씀은 창세기 22장 17절의 말씀
입니다. 먼저 히브리서 6장 14절을 보고 창세기 말씀과 연
결시켜 보십시오.

이르시되 내가 반드시 너에게 복 주고 복 주며 너를 번성
하게 하고 번성하게 하리라 하셨더니 히 6:14

내가 네게 큰 복을 주고 네 씨가 크게 번성하여 하늘의 별
과 같고 바닷가의 모래와 같게 하리니 네 씨가 그 대적의
성문을 차지하리라 창 22:17

우리가 기억하는 것처럼 창세기 22장 16-17절의 말씀
은 아브라함이 이삭을 번제로 드린 사건 후에 하나님이
아브라함에게 주신 말씀입니다. 아브라함이 받은 약속은
창세기 12장 1-3절에 기초했습니다.

여호와께서 아브람에게 이르시되 너는 너의 고향과 친척과 아버지의 집을 떠나 내가 네게 보여 줄 땅으로 가라 내가 너로 큰 민족을 이루고 네게 복을 주어 네 이름을 창대하게 하리니 너는 복이 될지라 너를 축복하는 자에게는 내가 복을 내리고 너를 저주하는 자에게는 내가 저주하리니 땅의 모든 족속이 너로 말미암아 복을 얻을 것이라 하신지라 창 12:1-3

이 약속에는 하나님이 아브라함에게 한 후손의 복, 땅의 복, 이름이 창대케 되는 복 그리고 그를 보호해 주시는 복이 함께 담겨 있습니다. 뿐만 아니라 하나님이 아브라함에게 맡기신 사명이 담겨 있습니다. 그 사명은 모든 족속의 복의 통로가 되는 것입니다.

여기서 우리는 약속을 주시는 하나님과 약속을 받는 사람의 관계를 이해할 필요가 있습니다.

"약속을 주시는 분은 전능하신 하나님입니다."
"약속을 받은 사람은 아브라함입니다."

"하나님은 약속을 주시기 위해 한 사람을 선택했습니다."

"하나님의 선택은 하나님의 은혜로 이루어졌습니다."

"하나님의 약속에는 축복이 담겨 있습니다."
"하나님의 약속에는 아브라함의 미래가 담겨 있습니다."

"아브라함의 미래 속에 구원의 드라마가 담겨 있습니다."
"하나님의 약속에는 하나님의 의지가 담겨 있습니다."
"하나님의 의지는 약속하신 것을 반드시 이루겠다는 의지입니다."
"하나님의 약속을 받은 사람은 그 약속을 신뢰함으로 반응해야 합니다."

아브라함은 하나님의 약속을 믿었습니다. 그러나 때로 흔들리기도 했습니다. 그때마다 하나님이 찾아와 하나님의 약속을 거듭 확인시켜 주셨습니다. 무엇보다 하나님이 그에게 아들을 주신다는 약속은 바로 이루어지지 않았습니다. 아브라함은 약속의 아들인 이삭을 얻기까지 25년을 기다려야 했습니다.

"하나님의 약속과 성취 사이에는 기다림이 있습니다."

"하나님의 약속은 우리가 기대하는 것보다 더 늦게 성취될 수 있습니다."

"하나님의 약속은 반드시 이루어집니다."

우리의 가장 큰 실패는 기다리지 못하는 데 있다

아브라함의 생애를 연구해 보면, 그도 기다림에 실패한 적이 있었음을 알 수 있습니다.

아브라함은 하나님의 약속을 기다리지 못하고 그의 후사를 조카 롯으로 생각했습니다. 조카 롯이 그를 떠났을 때 아브라함은 잠시 흔들렸습니다. 하나님이 흔들리는 그를 찾아와 그분의 약속을 다시 확인해 주십니다.

> 롯이 아브람을 떠난 후에 여호와께서 아브람에게 이르시되 너는 눈을 들어 너 있는 곳에서 북쪽과 남쪽 그리고 동쪽과 서쪽을 바라보라 보이는 땅을 내가 너와 네 자손에게 주리니 영원히 이르리라 내가 네 자손이 땅의 티끌 같게 하리니 사람이 땅의 티끌을 능히 셀 수 있을진대 네 자손도 세리라 창 13:14-16

조카 롯이 떠난 후에 하나님의 약속을 다시 확인받았지만 그 약속은 곧 이루어지지 않았습니다. 기다리다 지친 아브라함이 이번에는 그의 충성된 종, 엘리에셀을 후사로 삼으려 했습니다. 그러자 하나님이 다시 나타나 하나님의 약속을 확인해 주셨습니다.

> 그를 이끌고 밖으로 나가 이르시되 하늘을 우러러 뭇별을 셀 수 있나 보라 또 그에게 이르시되 네 자손이 이와 같으리라 아브람이 여호와를 믿으니 여호와께서 이를 그의 의로 여기시고 창 15:5-6

아브라함은 하나님을 통해 그분의 약속을 거듭 확인받았지만 나이가 들면서 또다시 흔들렸습니다. 그래서 결국 사라의 여종 하갈을 통해 이스마엘을 낳았습니다. 이는 명백히 아브라함과 사라의 실수였습니다. 하나님의 약속을 기다리지 못하고 육의 힘으로 하나님의 때를 앞당기려 한 실수였습니다. 하나님은 이스마엘이 태어난 후 13년 동안 침묵하십니다.

아브라함의 나이 99세가 되었을 때 하나님은 다시 아브라함을 찾아와 그분의 약속을 확인해 주십니다.

아브람이 구십구 세 때에 여호와께서 아브람에게 나타나서 그에게 이르시되 나는 전능한 하나님이라 너는 내 앞에서 행하여 완전하라 내가 내 언약을 나와 너 사이에 두어 너를 크게 번성하게 하리라 하시니 창 17:1-2

내가 너로 심히 번성하게 하리니 내가 네게서 민족들이 나게 하며 왕들이 네게로부터 나오리라 창 17:6

하나님의 끈기는 하나님의 끈질긴 설득에서 나타난다

하나님은 아브라함을 계속 찾아와 그에게 믿음을 심어 주고, 믿음을 키워 주십니다. 하나님의 약속을 신뢰하도록 설득하십니다.

"하나님의 약속을 반복해서 들을 때 확신에 이르게 됩니다."
"하나님은 반복의 능력을 아시는 분입니다."

하나님은 약속하시는 것에서 멈추지 않고 맹세까지 하셨습니다. 약속보다 더 강력한 것이 맹세입니다. 맹세 속에는 강한 결단과 강력한 의지가 담겨 있습니다. 그런데 하나님의 맹세가 특이합니다. 맹세는 본래 더 큰 자를 두고 하게 마련입니다. 하지만 하나님보다 더 큰 이가 없으므로 하나님은 스스로에게 맹세하십니다.

> 하나님이 아브라함에게 약속하실 때에 가리켜 맹세할 자가 자기보다 더 큰 이가 없으므로 자기를 가리켜 맹세하여 히 6:13

히브리서 기자는 하나님의 맹세를 하나님의 최후 확정이라고 말합니다. 하나님의 맹세는 곧 하나님의 보증이라는 것입니다.

> 사람들은 자기보다 더 큰 자를 가리켜 맹세하나니 맹세는 그들이 다투는 모든 일의 최후 확정이니라 하나님은 약속을 기업으로 받는 자들에게 그 뜻이 변하지 아니함을 충분히 나타내시려고 그 일을 맹세로 보증하셨나니 히 6:16-17

끈질긴 인내는
끈질긴 믿음의 열매다

우리는 하나님의 끈질김에 대해 배웠습니다. 이제 아브라함의 끈질김에 대해 배울 차례입니다. 아브라함은 때로 흔들리긴 했으나 약속하신 하나님을 신뢰했습니다. 또한 약속하신 말씀을 신뢰했습니다.

끈질긴 믿음은 하나님의 능력을 신뢰하는 것이다

약속보다 더 중요한 것은 약속을 주신 분입니다. 약속을 주신 분의 성품과 능력에 따라 약속의 성취 여부가 결정됩니다. 아브라함은 하나님의 신실하심을 믿었습니다. 또한 하나님의 능력을 믿었습니다.

> 그가 백 세나 되어 자기 몸이 죽은 것 같고 사라의 태가 죽은 것 같음을 알고도 믿음이 약하여지지 아니하고 믿음이 없어 하나님의 약속을 의심하지 않고 믿음으로 견고하여져서 하나님께 영광을 돌리며 약속하신 그것을 또한 능히 이루실 줄을 확신하였으니 롬 4:19-21

사도 바울은 아브라함이 하나님의 약속을 의심하지 않았다고 말합니다. 또한 아브라함은 하나님이 약속하신 것을 능히 이루실 줄 믿었다고 증거합니다.

끈질긴 믿음은 말씀의 능력을 신뢰하는 것이다

아브라함은 하나님의 능력을 믿었고, 또한 하나님의 말씀의 능력을 믿었습니다. 우리는 하나님을 신뢰할 뿐만 아니라 하나님의 말씀을 신뢰해야 합니다. 하나님을 신뢰하면서 하나님의 말씀을 의심할 수는 없습니다. 하나님을 신뢰한다면 하나님의 약속의 말씀도 신뢰해야 합니다. 하나님은 그분의 말씀을 신뢰하는 사람을 기뻐하십니다. 예수님의 어머니 마리아는 천사가 전해 준 말을 듣고 당황했습니다. 처녀가 성령으로 잉태해서 아들을 낳게 된다는 하나님의 말씀을 들었을 때 어찌할 바를 몰랐습니다. 그때 천사가 그녀에게 하나님의 말씀의 능력을 알려 줍니다.

대저 하나님의 모든 말씀은 능하지 못하심이 없느니라

눅 1:37

이 말씀 앞에 마리아는 '아멘'으로 화답합니다.

> 마리아가 이르되 주의 여종이오니 말씀대로 내게 이루어
> 지이다 하매 천사가 떠나가니라 눅 1:38

마리아는 처녀가 잉태하여 아들을 낳는다는 이야기를 한 번도 들어 본 적이 없었지만, 말씀대로 자기에게 이루어질 것을 믿었습니다. 마리아의 신앙을 칭찬해 준 사람은 그녀의 영적 멘토인 엘리사벳입니다. 마리아가 엘리사벳을 찾아갔을 때 마리아를 다음과 같이 축복해 줍니다.

> 주께서 하신 말씀이 반드시 이루어지리라고 믿은 그 여자
> 에게 복이 있도다 눅 1:45

끈질긴 믿음은 말씀에 순종으로 반응하는 것이다

믿는 사람은 순종합니다. 순종은 믿음의 열매입니다. 믿음이란 하나님의 말씀에 순종으로 반응하는 것입니다.

> 믿음으로 아브라함은 부르심을 받았을 때에 순종하여 장
> 래의 유업으로 받을 땅에 나아갈새 갈 바를 알지 못하고

나아갔으며 히 11:8

이에 아브람이 여호와의 말씀을 따라갔고 롯도 그와 함
께 갔으며 아브람이 하란을 떠날 때에 칠십오 세였더라
창 12:4

아브라함의 순종은 이삭을 바치라는 하나님의 말씀에
순종한 데서 절정을 이룹니다. 그런 아브라함의 순종에
하나님이 감탄하셨습니다.

이르시되 여호와께서 이르시기를 내가 나를 가리켜 맹세
하노니 네가 이같이 행하여 네 아들 네 독자도 아끼지 아
니하였은즉 내가 네게 큰 복을 주고… 이는 네가 나의 말
을 준행하였음이니라 하셨다 하니라 창 22:16-18

하나님은 아브라함이 하나님의 말씀을 준행한 것을 칭
찬하십니다. 준행했다는 것은 순종했다는 의미입니다.

"순종은 축복받는 비결입니다."
"순종은 사랑받는 비결입니다."

"순종은 신뢰받는 비결입니다."
"순종은 쓰임받는 비결입니다."
"순종은 구속의 비결입니다."

> 사람의 모양으로 나타나사 자기를 낮추시고 죽기까지 복
> 종하셨으니 곧 십자가에 죽으심이라 빌 2:8

끈질긴 인내를 통해 약속하신 복을 받게 된다.

> 그가 이같이 오래 참아 약속을 받았느니라 히 6:15

히브리서를 기록할 당시 초대 교회 성도들은 핍박과 박
해 속에서 살았습니다. 그들에게는 인내가 필요했습니다.

> 너희에게 인내가 필요함은 너희가 하나님의 뜻을 행한 후
> 에 약속하신 것을 받기 위함이라 히 10:36

어떤 사람들은 인내하지 못하고 믿음을 포기했습니다.
이전 생활로 돌아갔습니다. 히브리서는 조금 더 인내할
것을 강조합니다. 오직 의인은 믿음으로 살아야 한다고

강조합니다. 믿음으로 사는 것은 뒤로 물러서지 않는 것이라고 강조합니다.

> 잠시 잠깐 후면 오실 이가 오시리니 지체하지 아니하시리라 나의 의인은 믿음으로 말미암아 살리라 또한 뒤로 물러가면 내 마음이 그를 기뻐하지 아니하리라 하셨느니라 우리는 뒤로 물러가 멸망할 자가 아니요 오직 영혼을 구원함에 이르는 믿음을 가진 자니라 히 10:37-39

히브리서 6장 11-12절에는 히브리서를 기록한 목적이 나와 있습니다.

> 우리가 간절히 원하는 것은 너희 각 사람이 동일한 부지런함을 나타내어 끝까지 소망의 풍성함에 이르러 게으르지 아니하고 믿음과 오래 참음으로 말미암아 약속들을 기업으로 받는 자들을 본받는 자 되게 하려는 것이니라
> 히 6:11-12

여기서 우리가 깊이 붙잡아야 할 단어는 "끝까지"입니다. 그리고 "믿음과 오래 참음"입니다.

"우리의 실패는 조금 더 인내하지 못하는 것입니다."
"우리의 실패는 끝까지 인내하지 못하는 것입니다."
"믿음의 승리는 다른 사람보다 조금 더 인내하는 것입니다."
"믿음의 승리는 끝까지 인내하는 것입니다."

끈질기게 인내할 수 있는 비결은 무엇인가?

첫째, 약속하신 하나님을 바라볼 때 인내할 수 있습니다. 환경을 바라보면 낙심하게 됩니다. 하지만 하나님을 앙망할 때 믿음을 견고하게 세울 수 있습니다.

둘째, 약속은 기다림을 통해 성취됨을 믿을 때 인내할 수 있습니다. 약속과 성취 사이에는 기다림이 있습니다. 기다리는 동안에 우리가 할 일은 기도하는 것입니다. 거룩한 기대를 품는 것입니다. 아름다운 소망을 품는 것입니다. 기도하면서 준비할 것을 미리 준비하는 것입니다.

셋째, 인내의 중요성을 깨달을 때 끝까지 인내할 수 있습니다. 야고보는 인내를 최고의 성품으로 여깁니다.

내 형제들아 너희가 여러 가지 시험을 당하거든 온전히 기쁘게 여기라 이는 너희 믿음의 시련이 인내를 만들어 내는 줄 너희가 앎이라 인내를 온전히 이루라 이는 너희로 온전하고 구비하여 조금도 부족함이 없게 하려 함이라

약 1:2-4

인내는 고귀한 성품의 열매입니다. 또한 사랑의 열매입니다.

사랑은 오래 참고… 모든 것을 참으며 모든 것을 믿으며 모든 것을 바라며 모든 것을 견디느니라 고전 13:4, 7

인내의 비밀은 사랑의 비밀입니다. 사랑하면 인내합니다. 모든 것을 참게 됩니다. 모든 것을 견디게 됩니다. 우리는 사랑하는 만큼 인내하고, 인내하는 만큼 사랑하게 됩니다. 우리가 끈질기게 인내할 때 가정을 지킬 수 있습니다. 좋은 관계를 형성할 수 있습니다. 아름다운 공동체를 세울 수 있습니다. 직장 생활을 잘할 수 있습니다. 자신이 하는 일에서 탁월함의 경지에 이르게 됩니다.

아브라함이 받은 약속 안에 예수님의 복음이 담겨 있

습니다. 우리는 히브리서 6장의 말씀이 창세기 22장과 연결되어 있는 것을 보았습니다. 창세기 22장에 나오는 하나님의 축복의 약속 안에 장차 오실 예수님이 담겨 있습니다.

> 내가 네게 큰 복을 주고 네 씨가 크게 번성하여 하늘의 별과 같고 바닷가의 모래와 같게 하리니 네 씨가 그 대적의 성문을 차지하리라 또 네 씨로 말미암아 천하 만민이 복을 받으리니 이는 네가 나의 말을 준행하였음이니라 하셨다 하니라 창 22:17-18

여기 나오는 "씨"는 단수입니다. 이 말씀 속의 "씨"는 첫째는 이삭을 의미합니다. 하지만 궁극적으로 그리스도를 의미합니다. 바울은 그 사실을 증거합니다.

> 이 약속들은 아브라함과 그 자손에게 말씀하신 것인데 여럿을 가리켜 그 자손들이라 하지 아니하시고 오직 한 사람을 가리켜 네 자손이라 하셨으니 곧 그리스도라 갈 3:16

끈질긴 인내는 놀라운 영향력을 끼칩니다. 아브라함의

끈질긴 인내를 통해 예수님이 오셨습니다. 또한 예수님의 끈질긴 인내는 십자가를 통해 나타났습니다. 예수님은 십자가를 참으셨습니다. 끝까지 참으시므로 우리를 구원하셨습니다. 끈질긴 하나님의 성품을 따라 끈질긴 인내를 통해 풍성한 복을 누리시길 빕니다.

2장
끈질긴 온유

따뜻한 마음이 승리를 차지한다

(창세기 26:16-22)

하나님의 끈질긴 사랑은 아브라함에게서 그의 아들 이삭에게로 흘러갑니다. 하나님의 끈질긴 사랑은 다음 세대에도 계속됩니다. 하나님은 아브라함만 사랑한 것이 아니라 그 후손도 사랑하십니다. 하나님은 아브라함에게만 복을 주신 것이 아니라 그 후손에게도 복을 주십니다. 창세기 22장에서 아브라함이 이삭을 바쳤을 때 하나님은 분명히 아브라함의 후손에게 복을 주겠다고 약속하십니다.

내가 네게 큰 복을 주고 네 씨가 크게 번성하여 하늘의 별과 같고 바닷가의 모래와 같게 하리니 네 씨가 그 대적의 성문을 차지하리라 또 네 씨로 말미암아 천하 만민이 복을 받으리니 이는 네가 나의 말을 준행하였음이니라 하셨다

하니라 창 22:17-18

하나님이 아브라함에게 이 말씀을 하실 때 이삭이 그 자리에 함께했습니다. 아브라함은 하나님의 명령대로 이삭을 결박하여 제단 나무 위에 놓고 그를 잡아 번제로 드리려고 했습니다. 바로 그때 여호와의 사자가 하늘에서부터 급히 그를 부릅니다.

아브라함아 아브라함아 창 22:11

하나님은 가끔 이름을 두 번 부를 때가 있습니다. 출애굽기 3장에서 하나님이 가시 떨기나무 불꽃 가운데서 모세를 부를 때 그의 이름을 두 번 부르셨습니다.

모세야 모세야 출 3:4

다메섹에서 예수님이 사울을 부를 때 그의 이름을 두 번 부르셨습니다.

사울아 사울아 행 9:4

하나님은 큰 복을 주실 때 이름을 두 번 부르십니다. 우리에게 중요한 사명을 맡기실 때, 우리를 위로하실 때 이름을 두 번 부르십니다.

이삭이 번제단 위에 결박당한 채 누워서 하나님의 음성을 들었을 때 무슨 생각을 했을까요? 분명한 것은 아버지 아브라함의 헌신과 순종을 통해 이삭 자신이 큰 복을 받게 되었다는 것을 깨달았을 것입니다.

"하나님은 헌신과 순종을 큰 복으로 보답하십니다."
"하나님은 헌신과 순종을 보시고 그 후손을 크게 축복하십니다."
"하나님의 축복의 약속은 다음 세대에 전수됩니다."

모리아산에서 아버지 아브라함을 통해 들었던 하나님의 음성을 창세기 26장에서 이삭이 직접 듣게 됩니다.

하나님은 흉년의 때에
찾아오셔서 복을 주신다

창세기 26장에서 이삭이 우물을 판 이야기는 흉년의 때에 임한 사건입니다. 이삭은 흉년이 들자 그랄로 가서 블레셋 왕 아비멜렉을 만납니다.

> 아브라함 때에 첫 흉년이 들었더니 그 땅에 또 흉년이 들매 이삭이 그랄로 가서 블레셋 왕 아비멜렉에게 이르렀더니 창 26:1

그때 하나님이 이삭을 찾아오십니다.

"흉년의 때가 하나님을 깊이 만나는 기회입니다."
"흉년의 때에 하나님의 음성을 듣게 됩니다."
"나무는 비가 오지 않는 가뭄의 때에 뿌리를 깊이 내려 생수를 공급받습니다."
"흉년의 때에 하나님께 깊이 뿌리를 내리게 됩니다."

하나님이 흉년의 때에 이삭을 찾아오셔서 아브라함에

게 약속한 말씀을 그에게 다시 하십니다.

이 땅에 거류하면 내가 너와 함께 있어 네게 복을 주고 내
가 이 모든 땅을 너와 네 자손에게 주리라 내가 네 아버지
아브라함에게 맹세한 것을 이루어 네 자손을 하늘의 별과
같이 번성하게 하며 이 모든 땅을 네 자손에게 주리니 네
자손으로 말미암아 천하 만민이 복을 받으리라 이는 아브
라함이 내 말을 순종하고 내 명령과 내 계명과 내 율례와
내 법도를 지켰음이라 하시니라 창 26:3-5

이는 모리아산에서 이삭이 들었던 하나님의 음성입
니다.

"하나님의 큰 약속은 후손들에게 연결되어 성취됩
니다."
"하나님은 멀리 보며 큰 약속을 주십니다."

이삭은 흉년의 때에 하나님이 인도하시는 땅에 머물면
서 농사를 짓습니다. 거기서 놀라운 기적을 경험하게 됩
니다.

이삭이 그 땅에서 농사하여 그 해에 백 배나 얻었고 여호와께서 복을 주시므로 그 사람이 창대하고 왕성하여 마침내 거부가 되어 양과 소가 떼를 이루고 종이 심히 많으므로 블레셋 사람이 그를 시기하여 그 아버지 아브라함 때에 그 아버지의 종들이 판 모든 우물을 막고 흙으로 메웠더라 창 26:12-15

"하나님이 복을 주시면 흉년의 때에 더욱 잘될 수 있습니다."
"복을 많이 받으면 시기하는 사람들을 만납니다."
"하나님의 큰 복을 기대하는 사람은 시기와 공격을 받을 것을 대비해야 합니다."
"사람들은 형통한 사람을 부러워하지만 좋아하지 않는 경향이 있습니다."

정말 성숙한 사람이 아니면 다른 사람이 잘되는 것을 기뻐하기보다 괴로워합니다. 세상에는 배고픈 사람도 많지만 남이 잘되는 것을 배 아파하는 사람이 더 많습니다. 블레셋 왕 아비멜렉이 이삭이 창대하고 왕성하여 거부가 된 것을 보고 그에게 떠나라고 말합니다.

아비멜렉이 이삭에게 이르되 네가 우리보다 크게 강성한
즉 우리를 떠나라 창 26:16

크게 강성해진 것이 좋은 것 같지만 동시에 공격을 받을 수 있습니다. 인간관계에서 갈등과 어려움을 겪게 됩니다. 소유가 많아지면 싸움이 생깁니다. 우리는 많은 소유를 원하고, 많은 소유에 집착하지만, 많은 소유가 행복을 보장해 주지 않습니다. 좋은 관계를 보장해 주지 않습니다. 결국 이삭과 아비멜렉은 이별하게 됩니다.

이삭이 그곳을 떠나 그랄 골짜기에 장막을 치고 거기 거
류하며 창 26:17

이삭이 쫓겨난 것입니다. 이삭은 아비멜렉이 떠나라고 할 때 싸우지 않고 조용히 떠납니다. 이삭이 쫓겨나서 간 곳이 그랄 골짜기입니다. 거기에 장막을 치고 생활합니다. 우리도 인생 여정에서 가끔 쫓겨나는 경험을 할 수 있습니다. 아프겠지만 그것을 당연하게 생각하십시오.

위기의 때에 근본으로 돌아가는 것이 지혜다

이삭은 그랄 골짜기에 머물러서 아버지 아브라함이 팠던 우물들을 다시 팠습니다.

> 그 아버지 아브라함 때에 팠던 우물들을 다시 팠으니 이는 아브라함이 죽은 후에 블레셋 사람이 그 우물들을 메웠음이라 이삭이 그 우물들의 이름을 그의 아버지가 부르던 이름으로 불렀더라 창 26:18

마틴 로이드 존스(Martyn Lloyd Jones) 목사님은 창세기 26장 18절 말씀을 매우 중요하게 다룹니다. 그의 책《부흥》에서 무려 4장에 걸쳐 이 본문을 다루었는데, 그에 의하면, 우물을 다시 판 것은 부흥입니다.

성경에서 우물은 매우 중요합니다. 물이 없으면 죽습니다. 물은 생명의 근원입니다. 물을 공급해 주는 우물은 생명의 원천이요, 구원의 원천입니다.

> 그러므로 너희가 기쁨으로 구원의 우물들에서 물을 길으

리로다 사 12:3

이삭이 마침내 거부가 되었다고 성경은 증언합니다. 하지만 그의 소유와 부요를 유지하기 위해 필요한 것은 우물입니다. 그래서 그는 아버지 아브라함이 팠던 우물을 다시 팠습니다. 이때 우물에서 생수가 나옵니다. 생수는 하나님을 의미합니다.

"하나님은 생수의 원천이십니다."
"하나님은 생명의 원천이십니다."
"지혜란 원천으로 거듭 돌아가는 것입니다."
"지혜란 원천을 소중히 여기는 것입니다."
"지혜란 원천에 머무는 것입니다."

어리석은 사람들은 생수의 근원이신 하나님을 버리고 쓸데없는 웅덩이를 팝니다.

내 백성이 두 가지 악을 행하였나니 곧 그들이 생수의 근원되는 나를 버린 것과 스스로 웅덩이를 판 것인데 그것은 그 물을 가두지 못할 터진 웅덩이들이니라 렘 2:13

이삭은 지혜로운 사람입니다. 아버지 아브라함이 팠던 우물을 다시 팜으로 생수의 근원 되시는 하나님을 찾고 있습니다.

근본으로 돌아간다는 것은 변하지 않는 것을 깨닫는 것입니다. 지혜로운 사람은 변하지 않는 것이 무엇인지를 압니다. 많은 것을 안다고 지혜로운 것이 아닙니다. 꼭 필요한 것을 아는 사람이 지혜롭습니다. 이삭은 변하지 않는 것, 변하지 않는 분을 알았습니다. 그분은 하나님이십니다. 하나님께로 돌아가면 다시 부흥이 일어납니다.

"하나님은 여전히 동일하십니다. 백 년 전이나 오늘이나 하나님은 여전하신 분입니다. 실로 하나님은 천 년 전이나 이천 년 전이나 아브라함이 살던 때나 그 이전에도 역시 동일하십니다. 하나님은 영원부터 영원까지 역시 동일하십니다."

(마틴 로이드 존스, 《부흥》, 복있는사람, 38쪽)

이삭의 지혜는 과거를 살필 줄 아는 데 있습니다. 역사는 반복됩니다. 그런 까닭에 과거를 잘 연구해야 합니다. 과거를 연구함으로 미래를 창조할 수 있습니다. 교회가 부흥하려면 초대 교회로 돌아가야 합니다.

"교회가 소생할 때마다 이삭이 했던 일을 하는 것같이 보입니다. 교회는 그 전에 있었던 것으로 되돌아가고, 그전에 있었던 것을 재발견하고, 옛 원천을 다시 파곤 합니다."

(마틴 로이드 존스, 《부흥》, 복있는사람, 41쪽)

우리는 거듭 생수의 근원이신 하나님께로 돌아가야 합니다.

하나님은 끈질긴
온유의 사람을 축복하신다

이삭이 그랄 골짜기에서 우물을 파는 중에 이삭의 종들이 샘 근원을 얻었습니다.

이삭의 종들이 골짜기를 파서 샘 근원을 얻었더니

창 26:19

샘 근원을 얻은 것이 축복입니다. 샘 근원에서는 계속 생수가 흘러나오기 때문입니다. 문제는 그랄 목자들과 이삭의 목자들이 물 때문에 다투게 된 것입니다. 이때 이삭은 싸우기보다 그 우물을 넘겨주고 다른 우물을 팠습니다.

> 또 다른 우물을 팠더니 그들이 또 다투므로 그 이름을 싯나라 하였으며 창 26:21

다른 우물을 팠을 때도 그랄 목자들과 다투게 됩니다. 이때도 이삭은 싸우지 않고 거기서 옮겨 다른 우물을 팝니다. 이삭을 통해서 아주 소중한 것을 배웁니다.

"빼앗길 바에는 주어 버리는 것이 좋습니다."
"온유란 가능한 한 싸움을 피하는 것을 의미합니다."
"온유란 싸우지 않을 때까지 우물을 계속 파는 것입니다."

결국 싸움이 그치고 이삭이 원했던 우물을 얻게 됩니다.

이삭이 거기서 옮겨 다른 우물을 팠더니 그들이 다투지
아니하였으므로 그 이름을 르호봇이라 하여 이르되 이제
는 여호와께서 우리를 위하여 넓게 하셨으니 이 땅에서
우리가 번성하리로다 하였더라 창 26:22

이삭의 승리 비결은 그의 온유한 성품에 있었습니다.

"온유는 따뜻하고 부드러운 마음입니다."

이삭이 넓은 땅을 차지한 것은 그의 온유함 때문입니
다. 성경은 온유한 자가 땅을 차지한다고 말씀합니다.

그러나 온유한 자들은 땅을 차지하며 풍성한 화평으로 즐
거워하리로다 시 37:11

온유한 사람은 땅을 차지합니다. 또한 풍성한 화평을
누리며 즐거워합니다. 이삭은 싸우지 않았기 때문에 화
평을 누렸습니다. 예수님도 온유한 자의 복을 말씀하십
니다.

> 온유한 자는 복이 있나니 그들이 땅을 기업으로 받을 것
> 임이요 마 5:5

우리는 어떤 환경에서도 싸우지 않는 이삭의 성품을 보며 감탄합니다. 또한 시작한 일을 결코 포기하지 않는 끈기를 보며 놀라워합니다. 그의 온유한 성품은 어떻게 개발되었을까요? 핍박을 통해 온유한 성품이 개발되었을 것입니다. 이삭은 성장하면서 이스마엘에게 핍박을 받았습니다.

> 사라가 본즉 아브라함의 아들 애굽 여인 하갈의 아들이
> 이삭을 놀리는지라 창 21:9

개역한글은 이스마엘이 이삭을 희롱했다고 번역했습니다. 희롱이란 말이나 행동으로 괴롭히고 놀리는 것을 말합니다. 모멸감을 주는 것입니다. 바울은 비유를 들어 말하면서 이삭이 이스마엘에게 박해를 받았다고 했습니다.

> 그러나 그때에 육체를 따라 난 자가 성령을 따라 난 자를

박해한 것같이 이제도 그러하도다 갈 4:29

이삭은 이스마엘에게 희롱을 당하고, 박해를 받을 때도 그와 싸우지 않았습니다. 그는 인내했습니다. 끈질긴 인내를 통해 온유한 성품을 개발했습니다. 그는 시련을 축복의 기회로 삼았습니다. 인내하는 성품이 이삭으로 하여금 조금도 부족함이 없는 사람이 되게 했습니다. 끈질긴 인내는 끈질긴 온유와 친구입니다. 끈질긴 인내가 끈질긴 온유의 성품을 형성하도록 돕기 때문입니다. 여기서 우리는 이삭의 끈질긴 온유를 통해 중요한 원리를 배울 수 있습니다.

끈질긴 온유를 통해 필요한 것을 얻게 된다

이삭에게 필요했던 것은 우물입니다. 그는 끈질기게 필요한 우물을 계속 팝니다. 우물을 파되 샘물이 솟아오를 때까지 팝니다. 다투지 않을 때까지 우물을 팝니다.

"아홉 길 우물을 팠더라도 샘물이 솟을 때까지 파지 않으면 그 우물은 버린 것과 같다"(맹자).

끈질긴 온유를 통해 진정한 승리를 하게 된다

진정한 승리는 남을 정복하기 전에 자신을 정복하는 것입니다. 자신을 정복한다는 것은 자신의 감정을 다스리는 것입니다. 진정한 리더는 다른 사람을 다스리기 전에 자신을 다스릴 줄 압니다. 온유란 말은 야생마를 길들이는 과정에서 유래되었습니다. 야생마는 거칩니다. 하지만 훈련을 잘 받으면 준마가 됩니다. 준마가 되면 그의 힘을 절제하고 꼭 필요한 데 힘을 사용함으로 주인에게 승리를 안겨 줍니다. 힘을 낭비하지 않는 것이 지혜입니다. 힘을 싸우는 데 사용하면 정작 중요한 일에 사용하지 못합니다. 이삭은 싸우는 데 힘을 낭비하지 않고 우물을 파는 데 집중했습니다.

끈질긴 온유를 통해 집중력을 키우게 된다

승리의 비결은 집중하는 데 있습니다. 이삭은 우물을 파는 데 집중합니다. 우물을 계속 파는 중에 탁월한 경지에 이르게 됩니다.

"집중력은 한 가지를 지속하고 반복하는 것입니다."
"반복할 때는 창조적인 반복이 필요합니다."

"창조적 반복이란 실패했을 때 다른 태도와 다른 방법으로 시도하는 것을 의미합니다."

"창조적인 반복의 횟수를 늘려 갈 때 임계점에 이르게 됩니다."

"임계점에 이를 때 놀라운 변화를 경험하게 됩니다."

이삭이 어느 날 임계점에 이르는 경험을 했을 때 성경은 다음과 같이 기록하고 있습니다.

> 이삭이 거기서 옮겨 다른 우물을 팠더니 그들이 다투지 아니하였으므로 그 이름을 르호봇이라 하여 이르되 이제는 여호와께서 우리를 위하여 넓게 하셨으니 이 땅에서 우리가 번성하리로다 하였더라 창 26:22

끈질긴 온유의 사람은 눈부신 끈기로 전진한다

이삭은 그의 온유한 성품의 결과를 하나님의 은혜라고 말합니다.

> 이제는 여호와께서 우리를 위하여 넓게 하셨으니
>
> 창 26:22

이삭은 공을 하나님께 돌립니다. 영광을 하나님께 돌립니다. 그는 하나님의 은혜로 눈부신 끈기를 갖게 되었다고 말합니다. 이삭은 끈기의 사람으로 눈부신 끈기를 가지고 살았습니다. 승리는 눈부신 끈기를 통해 성취됩니다. 조지 모리슨(Georgy Morrison)은 "조용하면서도 눈부신 끈기는 모든 성자들의 특징 중 하나였다"고 말했습니다.

우리는 이삭의 생애를 통해 하나님의 끈질김을 거듭 배웁니다. 이삭이 그랄 골짜기에서 브엘세바로 올라갑니다. 그 밤에 하나님이 이삭을 찾아오셔서 하나님의 약속을 확인시켜 주십니다.

> 그 밤에 여호와께서 그에게 나타나 이르시되 나는 네 아버지 아브라함의 하나님이니 두려워하지 말라 내 종 아브라함을 위하여 내가 너와 함께 있어 네게 복을 주어 네 자손이 번성하게 하리라 하신지라 창 26:24

이삭은 그곳에서 예배를 드립니다.

> 이삭이 그곳에 제단을 쌓고, 여호와의 이름을 부르며 거기 장막을 쳤더니 이삭의 종들이 거기서도 우물을 팠더라 창 26:25

끈질긴 온유의 사람은 인간관계를 맺는 데 유연하다

이삭이 계속해서 형통한 것을 지켜본 아비멜렉이 이삭을 찾아와서 화친을 맺기 원합니다. 이삭을 쫓아낸 사람이 제 발로 찾아온 것입니다. 싸움을 싫어하는 이삭이 이번에 조용히 한마디합니다.

> 이삭이 그들에게 이르되 너희가 나를 미워하여 나에게 너희를 떠나게 하였거늘 어찌하여 내게 왔느냐 창 26:27

이 말을 들은 아비멜렉이 하는 말을 들어 보십시오.

> 그들이 이르되 여호와께서 너와 함께 계심을 우리가 분명히 보았으므로 우리의 사이 곧 우리와 너 사이에 맹세하여 너와 계약을 맺으리라 말하였노라 너는 우리를 해하지 말라 이는 우리가 너를 범하지 아니하고 선한 일만 네게 행하여 네가 평안히 가게 하였음이니라 이제 너는 여호와께 복을 받은 자니라 창 26:28-29

아비멜렉도 지혜로운 왕입니다. 그는 하나님이 이삭과 함께하심을 보았습니다. 이삭이 복을 받아 강성해진 것을 보았습니다. 아비멜렉은 이삭의 형통함을 보고 겸손히 머리 숙여 화친을 청했습니다. 이삭은 그런 아비멜렉을 받아들여 화친을 맺습니다.

> 이삭이 그들을 위하여 잔치를 베풀매 그들이 먹고 마시고
> 아침에 일찍이 일어나 서로 맹세한 후에 이삭이 그들을
> 보내매 그들이 평안히 갔더라 창 26:30-31

이삭처럼 인간관계를 유연하게 맺도록 하십시오. 헤어졌다가도 다시 만날 수 있으면 다시 만나십시오. 찾아오는 사람을 박대하지 마십시오. 강한 자가 머리를 숙일 때 그를 부끄럽게 하지 마십시오.

"온유한 사람은 용서의 사람입니다."
"온유한 사람의 마음에는 앙금이 없습니다."
"온유한 사람은 극단적인 언어를 사용하지 않습니다."
"온유한 사람은 찾아오는 사람을 환영합니다."
"온유한 사람은 원수까지 품을 줄 압니다."
"온유한 사람은 화평을 즐깁니다."

온유한 성품을 형성하는 방법을 배우십시오.

첫째, 온유한 성품의 유익을 깊이 깨달으십시오.

둘째, 온유한 성품을 위해 기도하십시오. 좋은 성품은 하나님의 은혜로 형성됩니다.

셋째, 온유한 성품을 위해 성령 충만을 사모하십시오. 온유는 성령의 열매입니다.

넷째, 온유한 성품이 몸에 배도록 온유의 습관을 형성하십시오.

다섯째, 어떤 것을 하나 선택해서 그것을 끈기 있게 완수해 보십시오.

여섯째, 온유를 통해 좋은 결과를 얻을 때 기뻐하십시오.

일곱째, 온유를 통해 가족과 이웃이 복을 받도록 하십시오. 이삭의 온유는 가족과 수많은 사람을 복되게 만들었습니다.

온유한 성품은 그 영향력이
후대에까지 미치게 된다

이삭의 끈질긴 온유는 야곱의 아들 요셉에게 전해집니다. 성경을 자세히 연구해 보면, 요셉에게 가장 많은 영향을 끼친 사람이 바로 이삭임을 알 수 있습니다. 요셉의 어머니 라헬이 그의 친동생 베냐민을 낳고 죽었습니다. 그날 이후로 이삭이 요셉을 돌보아 줍니다. 그리고 그의 아버지 아브라함의 이야기와 아브라함이 하나님께 받은 말씀을 전해 줍니다. 또한 이삭이 우물을 판 이야기를 전해 줍니다.

요셉의 생애를 보면 그가 이삭의 좋은 성품을 전수받았음을 알 수 있습니다. 요셉은 시련의 때에 인내합니다. 오뚝이처럼 거듭 일어납니다. 억울한 일을 만났을 때 다투지 않습니다. 싸우지 않습니다. 변명하지 않습니다. 때를 기다립니다. 결국 하나님이 그에게 주신 꿈을 성취합니다.

요셉이 보호해 준 형제 중에 유다가 있습니다. 예수님은 유다 지파의 후손으로 오셨습니다. 예수님은 온유한 성품을 가지셨습니다. 예수님은 스스로 마음이 온유하고 겸손하다고 말씀하십니다.

나는 마음이 온유하고 겸손하니 마 11:29

예수님은 눈부신 끈기로 제자들을 키우셨습니다. 눈부신 끈기로 죄인들을 대신해 십자가를 지셨고 참으셨습니다. 예수님은 원수까지 용서하셨습니다. 예수님은 세상을 정복하기 전에 자신을 정복하셨습니다. 이것이 바로 온유의 능력입니다. 그 능력으로 죄와 사망과 마귀를 멸하시고 십자가의 사명을 완수하셨습니다. 십자가에 못 박히신 예수님의 모습에서 이삭의 모습을 봅니다.

이삭이 번제단에 결박당했을 때 그는 전적으로 수동적이었습니다. 당시 이삭은 아버지 아브라함보다 힘이 센 청소년이었습니다. 하지만 그는 번제단에서 내려오지 않고 온유하게 결박당했습니다. 거기서 이삭은 죽지는 않았으나 죽음을 맛보았습니다. 이삭은 예수님의 모형입니다. 이삭은 죽지 않았지만 예수님은 십자가에서 죽으셨습니다.

예수님은 십자가를 통해 우리에게 구원의 생수를 제공해 주셨습니다. 십자가는 구원의 우물입니다. 그 구원의 우물에서 보혈의 생수, 말씀의 생수, 성령의 생수가 흘러 나옵니다. 우리는 그 생수를 마시면서 살아갑니다.

이삭과 예수님에게 배운 온유를 통해 풍성한 복을 누리시길 빕니다. 온유한 사람이 되어 땅을 유업으로 받아 누리고 나누시길 빕니다.

진정한 승리는 남을 정복하기 전에

자신을 정복하는 것입니다

3장
끈질긴 매달림

위기는 하나님을 만나는 문이다
(창세기 32:22-31)

하나님의 성품 중 하나는 끈질김입니다. 하나님은 끈질긴 사랑으로 우리를 사랑하십니다. 끈질긴 사랑은 하나님의 끈질긴 인내와 오래 참으심으로 나타납니다. 끈질기신 하나님은 끈질긴 사람들을 통해 역사하십니다. 하나님은 끈질긴 사람을 통해 일하십니다.

우리는 아브라함의 끈질김과 이삭의 끈질김을 보았습니다. 이제 야곱의 끈질김을 알아볼 시간입니다. 끈질김이란 단어를 생각할 때 가장 적합한 사람은 야곱입니다. 그의 끈질김과 매달림은 그가 태어날 때부터 드러납니다. 야곱은 태어날 때 쌍둥이로 태어났습니다. 성경은 야곱이 태어날 때 형 에서의 발꿈치를 잡았다고 기록합니다.

후에 나온 아우는 손으로 에서의 발꿈치를 잡았으므로 그
이름을 야곱이라 하였으며 리브가가 그들을 낳을 때에 이
삭이 육십 세였더라 창 25:26

야곱은 형의 발꿈치에 매달려 태어났습니다. 이 표현은
야곱이 형보다 먼저 태어나길 원했다는 것을 의미합니다.
즉 장자가 되길 원한 것입니다. 그가 태어날 때부터 얼마
나 집요한가를 보여 줍니다. 그의 생애가 매달림의 생애
가 될 것을 보여 주는 영화의 예고편 같은 장면입니다. 하
나님은 바로 야곱의 집요한 매달림을 긍정적으로 보십니
다. 그를 통해 열두 아들을 낳게 하시고, 그의 아들들 가
운데 유다의 후손으로 예수님을 이 땅에 보내셔서 우리를
구원하십니다.

하나님은 우리 인생에서
다양한 매달림을 경험케 하신다

우리는 야곱에게서 우리 자신의 모습을 봅니다. 요셉은
너무 완벽합니다. 다니엘도 마찬가지입니다. 에스더도 거

의 완벽합니다. 그들은 존경할 만하지만 가까이하기엔 너무 먼 당신 같습니다. 하지만 야곱은 다릅니다. 우리와 비슷합니다. 거짓말도 잘하고 목표를 이루기 위해선 수단과 방법을 가리지도 않습니다. 심지어 하나님의 이름을 이용해서 거짓말까지 합니다. 필요하면 몰래 도망도 갑니다. 야곱은 이렇듯 다양한 매달림 속에서 성장합니다. 하지만 하나님은 아브라함의 손자 야곱을 끈질기게 사랑하십니다. 끈질기게 추적하십니다. 그를 결코 포기하지 않으십니다.

야곱은 장성해서는 형 에서의 장자권을 빼앗는 일에 매달립니다. 결국 팥죽 한 그릇에 장자권을 샀습니다. 그리고 어머니 리브가와 공모해 아버지 이삭의 축복 기도에 매달립니다. 그 당시 아버지들은 죽음이 임박했을 때 자녀들을 축복해 주었는데, 이삭도 큰아들 에서에게 축복 기도를 해 주려고 계획했습니다. 리브가가 그 사실을 알고 야곱이 축복 기도를 받도록 계략을 꾸몄고, 야곱은 아버지를 속여 에서가 받아야 할 축복 기도를 대신 받았습니다. 축복 기도를 받는 일에 야곱과 그의 어머니 리브가는 끈질기게 매달렸습니다.

야곱은 사랑하는 아내 라헬을 얻는 데도 끈질기게 매달

렸습니다. 라헬을 얻기 위해 삼촌 라반의 집에서 무보수
로 7년을 일했습니다. 7년을 일한 후에 결혼 첫날밤을 맞
았으나 아침에 눈을 떠 보니 라헬이 아닌 레아가 누워 있
는 걸 발견했습니다. 삼촌 라반이 속인 것입니다. 그 지역
풍습에 따라 첫째를 제치고 둘째 딸을 먼저 결혼시킬 수
없다는 것이 라반이 설명한 이유였습니다. 그러면서 라반
은 야곱이 7년을 무보수로 더 일해 주면 라헬도 주겠다고
약속합니다. 결국 야곱은 한 여인을 얻기 위해 14년 동안
일했습니다. 야곱은 사랑에 끈질기게 매달렸습니다. 그의
사랑을 성경은 다음같이 표현합니다.

> 야곱이 라헬을 위하여 칠 년 동안 라반을 섬겼으나 그를
> 사랑하는 까닭에 칠 년을 며칠같이 여겼더라 창 29:20

　야곱이 라헬을 아내로 맞기 위해 14년 동안 삼촌 라
반에게 매달렸습니다. 그리고 아내를 맞아 자녀를 얻게
된 야곱은 이제 재물에 매달립니다. 그래야 가족을 부양
할 수 있기 때문입니다. 그는 삼촌 라반을 위해 무보수로
14년 동안 일했습니다. 삼촌 라반도 대단히 끈질긴 사람
입니다. 끈질긴 속임수로 끈질긴 야곱의 노동을 착취했습

니다. 야곱도 만만한 사람이 아닙니다. 그는 6년 동안 삼촌 라반의 재산보다 더 많은 재산을 만듭니다. 6년을 재물에 매달려 지낸 것입니다.

야곱은 재산이 많아졌을 때 라반의 아들들이 하는 말을 엿듣게 됩니다. 또한 삼촌 라반의 안색이 전과 같지 않은 것을 눈치챕니다.

> 야곱이 라반의 아들들이 하는 말을 들은즉 야곱이 우리 아버지의 소유를 다 빼앗고 우리 아버지의 소유로 말미암아 이 모든 재물을 모았다 하는지라 야곱이 라반의 안색을 본즉 자기에게 대하여 전과 같지 아니하더라 창 31:1-2

야곱은 눈치가 빠른 사람입니다. 그의 신변에 위험이 도사리고 있다는 것을 온몸으로 느꼈습니다. 그래서 그는 야반도주를 합니다. 여기서 우리는 야곱이 매달렸던 것들을 종합해 볼 수 있습니다.

"야곱은 장자권에 매달렸습니다."
"야곱은 축복 기도에 매달렸습니다."
"야곱은 한 여인을 위한 사랑에 매달렸습니다."

"야곱은 가족을 위해 재산을 축적하는 데 매달렸습니다."

야곱이 야반도주를 해서 삼촌 라반의 손아귀에서 벗어난 줄 알았는데 그를 기다리는 사람이 있었습니다. 에서입니다. 형 에서가 받아야 할 축복 기도를 가로챈 야곱은 야반도주를 해서 삼촌 라반의 집에 갔습니다. 에서가 야곱을 죽이려고 했기 때문입니다. 이제 20년 만에 다시 집으로 돌아가는데 에서가 그를 죽이려고 온다는 소식을 듣습니다. 에서도 끈질긴 사람입니다. 그는 복수에 끈질긴 사람입니다. 그것도 동생을 죽이려고 20년을 끈질기게 기다렸습니다. 이제 그에게 복수할 기회가 온 것을 알고 400명을 데리고 야곱을 찾아옵니다. 그 소식을 들은 야곱이 심히 두려워하고 답답해합니다.

사자들이 야곱에게 돌아와 이르되 우리가 주인의 형 에서에게 이른즉 그가 사백 명을 거느리고 주인을 만나려고 오더이다 야곱이 심히 두렵고 답답하여 자기와 함께한 동행자와 양과 소와 낙타를 두 떼로 나누고 창 32:6-7

위기가 닥쳤을 때
무엇을 붙잡는가

혹시 누군가에게, 무언가에 매달려 본 적이 있습니까? 그것도 간절히 매달리며 부탁해 본 적이 있습니까? 매달린다는 것은 의지한다는 것입니다. 어떤 사람은 부모에게 매달리고, 어떤 사람은 자녀에게 매달립니다. 어떤 사람은 직장에 매달리고, 어떤 사람은 건강에 매달리고, 어떤 사람은 외모를 가꾸는 데 매달립니다. 어떤 사람은 실력에 매달리고, 어떤 사람은 쾌락에 매달리고, 어떤 사람은 권세에 매달립니다.

우리가 매달려야 할 분은 오직 하나님 한 분입니다. 하지만 우리는 거듭 실망하면서도 사람에게 매달립니다. 거듭 실망하면서도 쉽게 사라질 것에 매달립니다. 돈에 매달리는 사람이 많습니다. 주식에 매달리는 사람이 정말 많아졌습니다. 돈과 주식과 건강과 외모와 즐거움이 필요 없다는 것이 아닙니다. 하지만 우리가 영원토록 의지할 대상은 아닙니다. 그 모든 것은 어느 순간에 두 손을 펴서 내려놓아야 할 대상입니다.

야곱이 에서가 400인을 데리고 자기를 찾아온다는 소식을 듣고 두려워합니다. 죽음에 대한 두려움입니다. 모든 것을 한순간에 잃어버릴 것에 대한 두려움입니다. 삼촌 라반의 집에서 쉬지 않고 일해서 얻은 것들을 한순간에 잃을 수 있다는 두려움입니다.

야곱은 위기를 만났습니다. 하지만 잘 대처해 그 위기를 기회로 만들었습니다.

위기에 처하면 하나님을 찾아야 한다

야곱이 에서를 만나야 하는 위기에 직면했을 때 그는 하나님을 찾았습니다. 하나님의 이름을 불렀습니다. 그의 조부의 하나님, 그의 아버지의 하나님을 찾았습니다.

> 야곱이 또 이르되 내 조부 아브라함의 하나님, 내 아버지 이삭의 하나님 여호와여 창 32:9상

야곱은 약삭빠른 사람입니다. 하지만 그는 위기를 만났을 때 하나님을 찾는 영적인 사람입니다. 반면에 에서는 육적인 사람입니다. 하나님을 찾지 않습니다. 영적인 일에 관심이 없습니다. 이 점이 하나님이 야곱을 사랑하신

이유입니다.

위기에 처하면 하나님의 약속을 기억해야 한다

야곱은 위기를 만났을 때, 20년 전 광야에서 하나님이 찾아오셔서 주신 약속을 기억했습니다.

> 주께서 전에 내게 명하시기를 네 고향, 네 족속에게로 돌아가라 내가 네게 은혜를 베풀리라 하셨나이다 창 32:9하

야곱이 형 에서의 낯을 피하여 삼촌 라반의 집으로 야반도주할 때 하나님이 그를 찾아오셨습니다. 그리고 그에게 놀라운 약속을 주셨습니다.

> 또 본즉 여호와께서 그 위에 서서 이르시되 나는 여호와니 너의 조부 아브라함의 하나님이요 이삭의 하나님이라 네가 누워 있는 땅을 내가 너와 네 자손에게 주리니 네 자손이 땅의 티끌같이 되어 네가 서쪽과 동쪽과 북쪽과 남쪽으로 퍼져 나갈지며 땅의 모든 족속이 너와 네 자손으로 말미암아 복을 받으리라 내가 너와 함께 있어 네가 어디로 가든지 너를 지키며 너를 이끌어 이 땅으로 돌아오

게 할지라 내가 네게 허락한 것을 다 이루기까지 너를 떠나지 아니하리라 하신지라 창 28:13-15

이것은 하나님이 아브라함과 이삭에게 주신 약속입니다. 그 약속을 하나님이 야곱에게 다시 주십니다. 하나님은 정말 끈질긴 분이십니다. 하나님이 야곱에게 주신 약속 가운데 하나님이 그와 함께하실 것이며 그를 지켜 주신다는 내용이 담겨 있습니다. 또한 때가 되면 다시 가나안 땅으로 돌아오게 하실 것을 약속해 주셨습니다.

> "지혜로운 사람은 하나님의 약속을 붙잡고 기도합니다."
> "지혜로운 사람은 하나님의 약속을 붙잡고 삽니다."
> "지혜로운 사람은 하나님의 약속에 매달립니다."

위기에 처하면 하나님의 은혜를 기억해야 한다

야곱은 위기에 처한 순간 하나님의 은혜를 생각했습니다. 지난 20년을 돌이켜 보니 하나님의 은혜가 아닌 것이 없었습니다. 그가 삼촌 라반의 집에 올 때 지팡이 하나뿐이었습니다. 그런데 지금은 큰 부자가 되었습니다. 야곱은 하나님의 은혜에 감사 기도를 드립니다.

> 나는 주께서 주의 종에게 베푸신 모든 은총과 모든 진실
> 하심을 조금도 감당할 수 없사오나 내가 내 지팡이만 가
> 지고 이 요단을 건넜더니 지금은 두 떼나 이루었나이다
> 창 32:10

이민자들은 특히 이 기도를 자주 드려야 합니다. 이민
자들 중에는 모국에서 살 형편이 되지 않아 야반도주하듯
온 사람들이 많습니다. 우리 민족은 정말 많은 국가에 이
민을 갔습니다. 그런데 하나님은 이민자들을 축복하시고
놀라운 하나님의 뜻을 이루게 하십니다. 저도 미국에 올
때 가방 4개만 가지고 왔습니다. 그런데 미국에서 이민 생
활을 하는 동안 많은 복을 받았습니다.

위기에 처하면 약속을 붙잡고
하나님께 매달려 기도해야 한다

야곱은 위기에 처했을 때 하나님께 구체적으로 기도합
니다. 야곱은 아버지 이삭으로부터 기도를 배웠습니다.
야곱은 평소에는 기도 없이 사는 것 같지만 위기에 처하

면 하나님께 기도합니다.

> 내가 주께 간구하오니 내 형의 손에서, 에서의 손에서 나
> 를 건져 내시옵소서 내가 그를 두려워함은 그가 와서 나
> 와 내 처자들을 칠까 겁이 나기 때문이니이다 창 32:11

 야곱은 솔직하게 기도합니다. 에서가 두렵다는 것입니
다. 가장 좋은 기도는 솔직한 기도입니다. 야곱의 지혜는
약속의 말씀을 붙잡고 기도했다는 데 있습니다.

> 주께서 말씀하시기를 내가 반드시 네게 은혜를 베풀어 네
> 씨로 바다의 셀 수 없는 모래와 같이 많게 하리라 하셨나
> 이다 창 32:12

 이 기도를 드린 후에 그는 형 에서를 위해 예물을 택합
니다. 그가 형 에서의 마음을 달래기 위해 보내는 예물이
염소와 양을 합쳐 550마리나 됩니다. 여기서 야곱의 지혜
를 봅니다. 그는 하나님께 기도합니다. 그러면서 동시에
그가 해야 할 일에 최선을 다합니다. 우리는 이 점을 야곱
에게서 배워야 합니다. 기도하면서도 우리가 해야 할 일

에 최선을 다해야 합니다. 야곱은 선물, 즉 예물의 중요성
을 알았습니다.

> 사람의 선물은 그의 길을 넓게 하며 또 존귀한 자 앞으로
> 그를 인도하느니라 잠 18:16

> 은밀한 선물은 노를 쉬게 하고 잠 21:14상

하나님은 매달림과 깨어짐을 통해
우리를 축복하신다

야곱은 형 에서에게 예물을 보낸 후에 밤을 맞습니다.
사랑하는 가족과 그의 소유를 인도해 얍복 나루를 건너게
합니다.

> 그 예물은 그에 앞서 보내고 그는 무리 가운데서 밤을 지
> 내다가 밤에 일어나 두 아내와 두 여종과 열한 아들을 인
> 도하여 얍복 나루를 건널새 창 32:21-22

야곱은 이제 홀로 남게 됩니다.

> 야곱은 홀로 남았더니 창 32:24

이 문장은 야곱이 어떤 상황에 처했는지를 잘 보여 줍니다. 가끔 우리는 홀로 남는 경험을 하게 됩니다. 그토록 붙잡았던 것들을 내려놓아야 할 때도 있습니다. 빈손이 되는 것입니다. 야곱은 빈손이 되어 홀로 남았습니다. 그런 그에게 어떤 사람이 찾아와 씨름을 합니다. 어떤 사람이 씨름하다가 야곱을 이기지 못하자 야곱의 허벅지 관절을 칩니다.

> 어떤 사람이 날이 새도록 야곱과 씨름하다가 자기가 야곱을 이기지 못함을 보고 그가 야곱의 허벅지 관절을 치매 야곱의 허벅지 관절이 그 사람과 씨름할 때에 어긋났더라 창 32:24하-25

개역한글에는 야곱의 환도뼈를 쳤다고 나옵니다. 야곱과 씨름한 사람이 누구였을까요? 하나님이 보내신 천사일 수 있습니다. 어떤 성경학자들은 하나님이라고 말합니다. 나중에 야곱이 그곳 이름을 '브니엘'이라고 짓습니다. 브니엘은 '하나님의 얼굴'이라는 뜻입니다. 야곱은 그가 하나님과 대면했다고 말합니다.

야곱은 하나님께 매달리는 중에 깨어지는 경험을 합니다. 환도뼈가 위골되었는데도 하나님께 매달립니다. 그에게 축복해 주지 않으면 놓지 않겠다고 매달립니다.

> 그가 이르되 날이 새려 하니 나로 가게 하라 야곱이 이르되 당신이 내게 축복하지 아니하면 가게 하지 아니하겠나이다 창 32:26

야곱은 하나님의 축복에 매달립니다. 하나님의 축복의 능력을 아는 사람은 하나님의 축복에 매달립니다. 야곱과 씨름하는 사람이 야곱의 이름을 묻습니다.

> 그 사람이 그에게 이르되 네 이름이 무엇이냐 그가 이르되 야곱이니이다 창 32:27

이것은 야곱에게 두려운 질문입니다. 왜냐하면 그가 아버지 이삭의 축복 기도를 받을 때 아버지가 그에게 한 질문이기 때문입니다. 이삭이 야곱에게 "내 아들아 네가 누구냐"(창 27:18)고 물었을 때 그는 거짓말을 했습니다. "나는 아버지의 맏아들 에서로소이다"(창 27:19). 그날 이후 야곱은 자기 이름을 잊고 살았습니다. 라헬을 만났을 때도 자신의 이름을 밝히지 않습니다. "그에게 자기가 그의 아버지의 생질이요 리브가의 아들 됨을 말하였더니"(창 29:12상). 그런데 하나님의 천사에게 자기 이름을 밝힙니다. 저는 야곱입니다. 저는 거짓말쟁이입니다. 저는 사기꾼입니다. 저는 잘 속이는 사람입니다. 그는 깨어짐을 통해 아픈 자신과 대면합니다.

"깨어짐을 통해 우리는 진정한 자신을 만납니다."
"진정한 자신을 만날 때 새로운 변화가 시작됩니다."
"부흥은 하나님을 대면하는 것입니다."
"깨어짐을 통해 우리는 하나님을 만납니다."

"부흥은 깨어짐에서 시작된다. 고통스럽고 수치스럽지만, 그것 말고 다른 길은 없다"(낸시 레이 드모스).

하나님의 천사가 야곱에게 새 이름을 줍니다.

> 그가 이르되 네 이름을 다시는 야곱이라 부를 것이 아니
> 요 이스라엘이라 부를 것이니 이는 네가 하나님과 및 사
> 람들과 겨루어 이겼음이니라 창 32:28

야곱의 이름이 이스라엘로 변화됩니다. 이스라엘이란 '하나님이 싸우신다' '하나님이 다스리신다' '하나님이 끈질기게 다투어서 이기신다' '하나님이 주도하신다'라는 뜻입니다. 하나님이 통치하신다는 것을 의미합니다. 야곱이 이스라엘이 됨으로써 하나님이 그를 다스려 이기게 하신다는 이름을 갖게 되었습니다.

"우리가 깨어질 때 하나님이 다스리십니다."
"우리가 깨어질 때 우리 의지를 하나님께 내어드리게 됩니다."
"우리가 깨어질 때 하나님의 복이 흘러넘치게 됩니다."

깨어진 야곱이 하나님의 천사의 이름을 묻습니다. 하나님의 천사는 야곱을 축복해 줍니다.

> 야곱이 청하여 이르되 당신의 이름을 알려 주소서 그 사

람이 이르되 어찌하여 내 이름을 묻느냐 하고 거기서 야
곱에게 축복한지라 창 32:29

"하나님은 우리를 깨뜨리시고 축복하십니다."
"끈질긴 매달림이 곧 끈질긴 기도입니다."
"끈질긴 기도는 축복을 낳습니다."
"깨어진 마음에 성령님의 능력이 임합니다."

"깨어진 마음을 가진 이에게는 하늘나라의 모든 자원과
성령님의 모든 권능이 부여된다. 하늘나라의 창고가 비고
성령님의 권능이 떨어지지 않는 한, 그 엄청난 선물을 무
제한으로 사용할 수 있게 된 것이다"(제니퍼 케네디 딘).

야곱은 이렇게 깨어진 후에 새날을 맞습니다. 그날 이
후로 그는 다리를 절게 됩니다.

그러므로 야곱이 그곳 이름을 브니엘이라 하였으니 그가
이르기를 내가 하나님과 대면하여 보았으나 내 생명이 보
전되었다 함이더라 그가 브니엘을 지날 때에 해가 돋았고
그의 허벅다리로 말미암아 절었더라 창 32:30-31

"깨어짐을 통해 하나님의 축복이 임합니다."

"깨어짐을 통해 온유해집니다."

"깨어짐을 통해 겸손해집니다."

"깨어짐을 통해 문제가 해결되는 복을 받습니다."

창세기 33장에서 야곱이 형 에서를 만났을 때 에서가 야곱을 껴안고 웁니다. 화해한 것입니다. 20년 동안 고민했던 문제, 두려워했던 문제가 한순간에 풀렸습니다.

"하나님이 도와주시면 오랫동안 풀지 못한 문제가 풀립니다."

십자가에서 예수님이
깨어지심으로 풍성한 복이 임했다

우리는 깨어지는 아픔을 두려워합니다. 깨어지는 아픔을 싫어합니다. 하지만 성경에서 깨어짐이 곧 축복이 되는 것을 봅니다. 모세가 호렙산에서 반석을 깨뜨릴 때 생수가 강처럼 흘러나와·이스라엘 백성에게 물을 제공해 주었습니다(출 17:6; 시 78:15-16, 20). 반석이 깨어질 때 생수가 솟구쳐 올라 강처럼 흘렀습니다. 바울은 바로 그 반석이 예수님이라고 증거합니다.

> 다 같은 신령한 음료를 마셨으니 이는 그들을 따르는 신
> 령한 반석으로부터 마셨으매 그 반석은 곧 그리스도시라
>
> 고전 10:4

예수님은 십자가에서 반석처럼 깨어지셨습니다. 예수님의 깨어진 몸에서 피와 물이 쏟아졌습니다. 예수님은 한 알의 밀이 되어 부서짐으로 풍성한 열매를 맺으셨습니다. 예수님의 깨어지고 부서지는 고난을 통해 우리는 풍성한 복을 받았습니다.

끈질긴 매달림이 축복입니다. 하지만 매달리는 대상을 잘 선택해야 합니다. 우리를 참으로 도울 수 있고, 영원히 도와줄 수 있는 분께 매달리십시오. 사람이 소중하지만 사람에게 매달리지 마십시오. 허무한 우상, 돈, 명예, 외모, 권력, 권세 그리고 건강도 우리가 끈질기게 매달릴 대상이 아닙니다. 우리가 끈질기게 매달려야 할 대상은 오직 하나님이십니다. 깨어지는 것을 두려워하지 마십시오.

오히려 딱딱해진 마음을 걱정하십시오. 깨어진 마음이 축복입니다.

"깨어진 마음을 갖는다는 것은 탁월한 자원을 소유하게 된다는 뜻이다. 그러므로 깨어진 마음을 부드럽게 유지하는 것 또한 대단히 유익한 일이다"(존 번연).

무엇보다 예수님의 깨어짐의 은혜를 찬양합시다. 예수님의 깨어지심과 부서지심을 통해 우리가 받은 은혜를 찬양합시다. 예수님의 끈질긴 온유와 끈질긴 겸손을 찬양합시다. 야곱은 환도뼈가 부서졌지만 예수님은 온몸이 부서지셨습니다. 온몸이 깨어지셨습니다. 그 깨어진 몸에서 보혈의 생수가 흘러나와 우리 죄를 정결케 해주었습니다. 말씀의 생수와 성령의 생수가 흘러나와 우리를 축복해 주었습니다. 부디 오직 하나님께 매달린 생애가 되어 풍성한 복을 누리시길 빕니다.

믿음의 승리는 끝까지 인내하는 것입니다.
믿음으로 사는 것은
뒤로 물러서지 않는 것입니다.
깨어지고 부서지는 고난을 통해
우리는 풍성한 복을 받습니다.

4장
끈질긴 기도

응답받는 기도의 비밀은 간절함에 있다

(열왕기상 18:41-46)

야곱은 끈질긴 기도의 사람이었습니다. 그는 하나님의 천사와 씨름할 때 끈질기게 매달렸습니다. 끈질긴 매달림이 곧 끈질긴 기도입니다. 그의 끈질긴 기도는 할아버지 아브라함의 유산입니다. 아브라함은 끈질긴 기도의 사람이었습니다. 하나님은 끈질긴 기도의 사람을 찾으십니다

창세기 18장에서 하나님은 아브라함에게 소돔과 고모라를 멸망시키겠다고 말씀하십니다. 소돔과 고모라의 죄악 때문입니다. 그런데 바로 그곳에 아브라함의 조카 롯이 살고 있었습니다. 아브라함은 조카 롯을 구하기 위해 하나님께 끈질긴 기도를 드립니다.

아브라함이 하나님과 논쟁하듯이 기도합니다. 의인을 악인과 함께 죽이시는 것이 부당하다고 합니다. 의인

50명을 찾으시면 소돔과 고모라를 멸하지 말아 달라고 기도합니다. 하나님이 아브라함에게 의인 오십 명을 찾으면 그들을 위해 소돔과 고모라를 용서하겠다고 말씀하십니다.

> 여호와께서 이르시되 내가 만일 소돔 성읍 가운데에서 의인 오십 명을 찾으면 그들을 위하여 온 지역을 용서하리라 창 18:26

아브라함이 생각해 보니 조금 자신이 없었나 봅니다. 숫자를 낮춥니다. 의인 50명에서 45명, 45명에서 40명, 40명에서 30명, 30명에서 20명, 마지막 20명에서 10명으로 낮춥니다. 대단한 끈기입니다. 아브라함도 죄송했는지 거듭 노하지 말고 자기 기도를 들어 달라고 합니다. 마지막에 가서는 한 번만 더 기도드리겠다고 말합니다.

> 아브라함이 또 이르되 주는 노하지 마옵소서 내가 이번만 더 아뢰리이다 거기서 십 명을 찾으시면 어찌하려 하시나이까 이르시되 내가 십 명으로 말미암아 멸하지 아니하리라 창 18:32

아브라함이 여섯 번이나 끈기 있게 기도를 드립니다. 만약 아브라함이 더 끈기를 발휘해서 "의인 한 명을 찾으면 어찌하려 하시나이까"라고 기도했다면 어떤 결과를 가져왔을지 잘 모르겠습니다. 신약성경은 롯을 의인이라고 기록하고 있습니다.

> 고통당하는 의로운 롯을 건지셨으니 벧후 2:7하

우리는 아브라함이 얼마나 끈기 있는 기도를 드렸는지 생각해 보아야 합니다. 하나님은 끈질긴 기도를 드리는 사람을 좋아하십니다. 엘리야는 끈질긴 기도를 드린 사람의 모범입니다.

끈질긴 기도의 비밀은 골방 기도에 있다

열왕기상 18장은 엘리야가 기도를 통해 하늘에서 불을 내리고, 비를 내리는 기적을 기록하고 있습니다. 그토록 놀라운 엘리야의 기도의 비밀은 무엇일까요? 어떻게 그는 그토록 강력한 기도의 사람이 되었을까요? 저는 언제나 근원을 살피는 것을 좋아합니다. 어떤 좋은 결과가 나타났다면 그 원인이 있을 것이라고 생각합니다.

엘리야의 기도의 비밀은 그의 골방 기도에서 시작됩니다. 엘리야가 하나님의 인도를 받아 사르밧 과부에게로 갑니다. 사르밧 과부는 자신과 그의 아들이 먹고 죽으려던 떡 한 조각을 먼저 엘리야에게 바칩니다. 그 결과 하나님은 3년 6개월 동안 사르밧 과부 집에 있는 통의 가루와 병의 기름이 마르지 않게 하십니다.

> 여호와께서 엘리야를 통하여 하신 말씀같이 통의 가루가 떨어지지 아니하고 병의 기름이 없어지지 아니하니라 왕상 17:16

사르밧 과부는 떡 한 조각을 통해 비가 내리지 않던 3년 6개월 동안 복을 받았습니다.

"작은 떡 한 조각 속에 3년 6개월의 음식이 담겨 있습니다."
"하나님은 작은 것을 통해 큰 복을 내려 주십니다."

"작은 것을 소중히 여기는 것이 지혜입니다."
"작은 것 속에 무한한 잠재력이 담겨 있음을 아는 것이 지혜입니다."

엘리야가 사르밧 과부의 집 작은 다락방에서 3년 6개월의 세월을 보냅니다. 사르밧 과부의 아들이 병들어 죽었을 때 엘리야는 그가 머물던 다락방 자기 침상에 누이고 기도합니다.

> 엘리야가 그에게 그의 아들을 달라 하여 그를 그 여인의 품에서 받아 안고 자기가 거처하는 다락에 올라가서 자기 침상에 누이고 여호와께 부르짖어 이르되 내 하나님 여호와여 주께서 또 내가 우거하는 집 과부에게 재앙을 내리사 그 아들이 죽게 하셨나이까 하고 그 아이 위에 몸을 세 번 펴서 엎드리고 여호와께 부르짖어 이르되 내 하나님 여호와여 원하건대 이 아이의 혼으로 그의 몸에 돌아오게 하옵소서 하니 왕상 17:19-21

엘리야는 조용히 기도한 것이 아닙니다. 여호와께 부르짖어 기도했습니다. 한 번만 기도한 것이 아닙니다. 한 번 기도해서 응답이 없으니까 두 번 그리고 세 번 기도했습니다. 아이의 시신 위에 자신의 몸을 포개고 부르짖어 기도했습니다. 목숨을 내걸고 기도한 것입니다. 하나님이 그의 애절한 기도에 응답해 주셨습니다.

> 여호와께서 엘리야의 소리를 들으시므로 그 아이의 혼이 몸으로 돌아오고 살아난지라 왕상 17:22

엘리야는 3년 6개월 동안 작은 다락방에서 기도하며 지냈습니다. 그의 기도의 비밀은 골방 기도에 있었습니다. 은밀한 기도에 있었습니다. 많은 사람들 앞에서 기도하기 전에 은밀한 골방 기도가 필요합니다.

하나님의 사람은 골방에서 만들어집니다. 기도의 사람은 은밀한 골방에서 만들어집니다. 그것도 3년 6개월의 세월에 걸쳐 만들어집니다. 엘리야가 사르밧 과부의 집에 3년 6개월 머물렀다는 사실을 예수님이 증언하십니다.

> 내가 참으로 너희에게 이르노니 엘리야 시대에 하늘이 삼 년 육 개월간 닫히어 온 땅에 큰 흉년이 들었을 때에 이스라엘에 많은 과부가 있었으되 엘리야가 그중 한 사람에게

도 보내심을 받지 않고 오직 시돈 땅에 있는 사렙다의 한 과부에게 뿐이었으며 눅 4:25-26

우리는 너무 서두릅니다. 우리의 실패는 조급함에 있습니다. 우리의 조급함은 기도에서 더욱 나타납니다. 우리는 엘리야를 통해 끈질긴 골방 기도를 배웁니다.

"기도한다는 것은 골방에서 은밀한 중에 보시는 하나님과 교제하는 것입니다."
"기도한다는 것은 기다린다는 것입니다."
"기도한다는 것은 하나님의 때가 차기까지 오랫동안 기다린다는 것입니다."

선지자 중의 선지자 엘리야, 그 강력한 기도의 사람이 3년 6개월 동안 작은 다락방에서 지냈다는 사실을 잊어서는 안 됩니다. 예수님은 산상수훈에서 골방 기도의 중요성을 가르치십니다.

너는 기도할 때에 네 골방에 들어가 문을 닫고 은밀한 중에 계신 네 아버지께 기도하라 은밀한 중에 보시는 네 아

버지께서 갚으시리라 마 6:6

이 말씀에 대해 앤드류 머레이(Andrew Murray)는 다음과 같이 언급했습니다.

"마음에서 우러나오는 진실한 하나님과의 은밀한 교제가 지속될 때, 이것은 사람들과의 공적인 생활 속에서 충분한 보상을 받게 될 것입니다. 은밀한 중에 보시는 우리의 아버지는 공개적으로 우리를 책임져 주시고 갚아 주십니다."

(앤드류 머레이,《골방에서 만나는 하나님》, 아가페, 18쪽)

저희 부부는 미국에 유학 온 지 3개월이 되었을 때 한국에서 가져온 돈이 모두 떨어졌습니다. 절박해진 저희 부부는 골방 기도를 드리기 위해 옷장 하나를 비워 기도실을 만들었습니다. 그렇게 만들어진 골방에서 우리는 은밀한 기도, 애절한 기도, 간절한 기도, 흐느끼는 기도를 드렸습니다. 무릎을 꿇고 부르짖어 기도드렸습니다.

하나님은 골방에서 드리는 기도를 들으시고 신실하게 우리 기도에 응답해 주셨습니다. 은밀한 기도의 열매는 풍성하게 드러났습니다. 하나님은 저를 드러내시기 전에 옷장 기도실에 감추셨습니다. 그곳에서 저를 키우셨습니다. 기다리는 법을 배우게 하셨습니다.

"기다림은 낭비가 아니라 거룩한 투자입니다."
"기다리는 동안에 기도의 근육을 든든히 해야 합니다."
"기도의 근육은 기다리며 기도하는 중에 서서히 견고해 집니다."
"기도의 근육이 든든해질 때 영적 전쟁에서 승리할 수 있습니다."

끈질긴 기도의 비밀은 하나님의 약속에 있다

열왕기상 18장의 전반부는 하늘에서 불을 내린 사건이, 후반부는 하늘에서 비를 내린 사건이 기록되어 있습니다. 3년 6개월 동안 비가 오지 않아 흉년에 시달리던 이스라엘 사람들은 비를 기다렸습니다. 하나님은 먼저 엘리야에게 비를 주겠다고 약속하십니다.

많은 날이 지나고 제삼 년에 여호와의 말씀이 엘리야에게 임하여 이르시되 너는 가서 아합에게 보이라 내가 비를 지면에 내리리라 엘리야가 아합에게 보이려고 가니 그때에 사마리아에 기근이 심하였더라 왕상 18:1-2

끈질긴 기도는 자신의 신념이나 스스로 만든 확신만 가지고는 드릴 수 없습니다. 끈질긴 기도는 하나님의 약속에 근거할 때 드릴 수 있습니다. 끈질긴 기도의 동력은 하나님의 약속에 있습니다. 예수님은 약속의 말씀을 붙잡고 드리는 기도가 가장 강력하다고 가르쳐 주십니다.

너희가 내 안에 거하고 내 말이 너희 안에 거하면 무엇이든지 원하는 대로 구하라 그리하면 이루리라 요 15:7

하나님이 쓰신 끈질긴 기도의 사람들은 한결같이 말씀을 읽고, 말씀 속에 담긴 약속을 붙잡고 기도했습니다. 야곱은 하나님의 약속을 붙잡고 끈질긴 기도를 드렸습니다. 모세, 엘리야, 다니엘 그리고 느헤미야도 한결같이 약속을 붙잡고 기도했습니다. 엘리야는 하나님의 약속을 직접 받았지만 우리는 하나님의 약속을 성경을 통해 받습니다.

우리는 보배롭고 지극히 큰 약속을 받은 사람들입니다.

> 이로써 그 보배롭고 지극히 큰 약속을 우리에게 주사 이 약속으로 말미암아 너희가 정욕 때문에 세상에서 썩어질 것을 피하여 신성한 성품에 참여하는 자가 되게 하려 하셨느니라 벧후 1:4

모든 약속은 예수님을 통해 우리 것이 됩니다.

> 하나님의 약속은 얼마든지 그리스도 안에서 예가 되니 그런즉 그로 말미암아 우리가 아멘 하여 하나님께 영광을 돌리게 되느니라 고후 1:20

하나님의 약속은 기도의 원천입니다. 우리가 딛고 기도 드릴 수 있는 거룩한 발판입니다. 우리가 성경을 읽는 이유 중 하나는 하나님의 약속을 찾기 위해서입니다. 하나님의 약속을 만나면 그 약속을 붙잡고 기도하십시오.

하나님은 약속을 주시지만 그 약속이 기도를 통해 성취되길 원하십니다. 하나님은 얼마든지 하나님의 약속을 스스로 성취하실 수 있습니다. 하지만 하나님은 그렇게 행하지 않으십니다. 반드시 기도를 통해 약속을 성취하십니다. 하나님은 약속을 붙잡고 기도하는 사람들을 시대마다 찾고 계십니다.

E. M. 바운즈(Bounds)는 엘리야의 기도에 대해 다음과 같이 말합니다.

"엘리야의 끈질기고 불같은 기도와 하나님의 약속은 비가 오게 했다. 기도는 약속이 은혜롭게 성취되도록 이끈다. 약속이 가장 크고 귀한 결과를 낳게 하는 것은 지속적이고 끈질긴 기도다."

(E. M. 바운즈,《기도의 위인들》, 생명의말씀사, 45쪽)

엘리야는 간절한 기도를 드리기 전에 먼저 하나님의 약속을 선포했습니다.

엘리야가 아합에게 이르되 올라가서 먹고 마시소서 큰비 소리가 있나이다 왕상 18:41

엘리야가 아합왕에게 큰비 소리가 있다고 선포합니다. 엘리야는 비가 내리기 전에 큰비 소리를 들은 것입니다.

엘리야는 기도의 사람이며 믿음의 사람입니다. 믿음의 사람은 믿음으로 먼저 보고, 먼저 듣습니다. 또한 믿음의 사람은 하나님이 이루실 일을 미리 선포합니다. 아직 이루어지지 않은 일을 담대히 선포합니다. 우리의 언어가 우리의 믿음을 보여 줍니다. 하나님은 우리의 믿음을 따라, 우리의 언어를 따라 역사하십니다.

> 내가 진실로 너희에게 이르노니 누구든지 이 산더러 들리어 바다에 던져지라 하며 그 말하는 것이 이루어질 줄 믿고 마음에 의심하지 아니하면 그대로 되리라 막 11:23

끈질긴 기도에
하나님은 응답하신다

엘리야는 끈질긴 기도의 사람입니다. 그는 하나님의 약속을 붙잡고 갈멜산 꼭대기로 올라가서 끈질긴 기도를 드립니다.

> 아합이 먹고 마시러 올라가니라 엘리야가 갈멜산 꼭대

기로 올라가서 땅에 꿇어 엎드려 그의 얼굴을 무릎 사이에 넣고 그의 사환에게 이르되 올라가 바다 쪽을 바라보라 그가 올라가 바라보고 말하되 아무것도 없나이다 이르되 일곱 번까지 다시 가라 일곱 번째 이르러서는 그가 말하되 바다에서 사람의 손만 한 작은 구름이 일어나나이다 이르되 올라가 아합에게 말하기를 비에 막히지 아니하도록 마차를 갖추고 내려가소서 하라 하니라 왕상 18:42-44

끈질긴 기도는 구체적인 집중 기도다

엘리야의 기도는 구체적입니다. 큰비를 달라고 엘리야는 기도하고 있습니다. 엘리야는 갈멜산에서 불을 내렸던 사람입니다. 불을 내릴 때는 불을 달라고 기도했습니다. 이제는 비를 달라고 기도하고 있습니다. 중요한 것은 집중하는 것입니다. 결과를 미리 생각하면서 집중하는 것입니다. 집중은 능력입니다. 집중은 강력한 에너지입니다. 집중하면 변화가 나타나고, 집중하면 결과를 보게 됩니다.

끈질긴 기도는 간절한 기도다

엘리야의 기도의 특징은 간절히 기도하는 것입니다.

"땅에 꿇어 엎드려 그의 얼굴을 무릎 사이에 넣고"(왕상 18:42하). 얼굴을 무릎 사이에 넣고 기도하는 것은 결코 쉽지 않습니다. 무릎을 꿇고 오래 기도하는 것도 쉬운 일이 아닙니다. 더구나 얼굴을 두 무릎 사이에 넣고 기도한다는 것은 대단히 힘든 일입니다. 그의 끈질긴 기도 속에 그의 간절함이 담겨 있습니다. 야고보는 엘리야의 기도 응답의 비밀이 간절함에 있었다고 증언합니다.

> 엘리야는 우리와 성정이 같은 사람이로되 그가 비가 오지 않기를 간절히 기도한즉 삼 년 육 개월 동안 땅에 비가 오지 아니하고 다시 기도하니 하늘이 비를 주고 땅이 열매를 맺었느니라 약 5:17-18

끈질긴 기도는 확신에 차 있다

엘리야가 기도할 때 하나님의 사인을 보기 원했습니다. 사인을 통해 확신을 얻기 원했습니다. 그래서 그의 사환에게 올라가 바다 쪽을 바라보라고 말합니다. 일곱 번까지 다시 가라고 말합니다. 엘리야가 찾았던 것은 기도 응답의 사인입니다. 작은 구름입니다.

그가 말하되 바다에서 사람의 손만 한 작은 구름이 일어나나이다 왕상 18:44상

우리는 언제까지 기도해야 할까요? 구체적인 사인을 받을 때까지입니다. 구체적인 사인을 받으면 확신을 품게 됩니다. 하나님의 사람들은 작은 사인을 크게 봅니다. 확신이 올 때 경험하는 것은 평화입니다. 엘리야는 작은 구름이 나타난 것을 보고 큰비의 소리를 들었습니다. 마음 속에 '아, 이것이다. 이 일은 되겠다'는 사인을 갖는 것이 축복입니다. 그 순간 담대해집니다. 그 순간 마음의 평강이 흘러넘치게 됩니다.

"믿음으로 기도하십시오. 그리고 기도가 어떻게 응답되는가를 지켜보십시오."
"기도한 후에는 거룩한 기대를 품고 지켜보십시오."
"기도한 후에 먼저 작은 사인을 지켜보십시오."

끈질긴 기도는 집요하게 반복하는 기도다

엘리야는 반복해서 기도할 줄 알았습니다. 응답받을 때까지 기도할 줄 알았습니다. 우리는 기도하다가 너무 쉽

게 포기합니다. 집요하게 기도하지 않습니다. 집요한 기도는 반복하는 기도입니다. 엘리야는 사르밧 과부의 아들이 죽었을 때 그를 위해 세 번 기도했습니다. 그는 하늘에서 비가 내리는 기도를 드릴 때 일곱 번 기도했습니다.

> 그의 사환에게 이르되 올라가 바다 쪽을 바라보라 그가 올라가 바라보고 말하되 아무것도 없나이다 이르되 일곱 번까지 다시 가라 왕상 18:43

사환이 일곱 번 가서 바다 쪽을 바라볼 때 엘리야는 일곱 번 반복해서 기도했습니다. 일곱 번째 기도했을 때 기도 응답이 왔습니다.

> 일곱 번째 이르러서는 그가 말하되 바다에서 사람의 손만한 작은 구름이 일어나나이다 왕상 18:44상

"무엇이든 양이 찰 때 놀라운 일이 전개됩니다."
"무엇이든 임계점에 이를 때 놀라운 변화가 나타납니다."
"기도의 양이 찰 때 기도 응답이 임합니다."

엘리야는 사환이 큰비의 사인을 가져왔을 때 아합에게
가서 비가 올 것을 알리라고 말합니다. 비가 하늘에서 쏟
아져서 비에 길이 막히지 않도록 서둘러 내려가라고 알려
주라는 것입니다.

> 이르되 올라가 아합에게 말하기를 비에 막히지 아니하도
> 록 마차를 갖추고 내려가소서 하라 하니라 왕상 18:44하

반복해서 기도하는 것을 주저하지 마십시오.

"우리는 동일한 탄원을 두세 번이 아니라 필요한 만큼 백
번이고 천 번이고 반복해서 하여야 한다. 우리는 하나님
의 도움을 기다리는 것에 결코 지치지 말아야 한다"(장
칼뱅).

"집요한 중보 기도에서의 반복은 하나님과 흥정을 하는
것이 아니라 기도의 기쁨에 찬 고집이다"(오스왈드 챔버스).

엘리야의 간절한 기도는 응답되었습니다.

> 조금 후에 구름과 바람이 일어나서 하늘이 캄캄해지며
> 큰비가 내리는지라 아합이 마차를 타고 이스르엘로 가니
>
> 왕상 18:45

엘리야의 기도로 3년 6개월의 흉년을 끝내는 큰비가 내리게 되었습니다. 하나님의 기적입니다. 간절한 기도의 응답입니다.

예수님은 성령의 불과 은혜의 소낙비를 부어 주셨다

엘리야는 하늘에서 불을 내려 갈멜산 전투에서 승리했습니다. 또한 하늘에서 비를 내려 흉년을 멈추게 했습니다. 예수님은 엘리야의 불과 비교할 수 없는 성령의 불을 내려 주셨습니다. 오순절 다락방에 성령님이 강림하실 때 불의 혀같이 갈라지는 역사가 나타났습니다.

> 마치 불의 혀처럼 갈라지는 것들이 그들에게 보여 각 사람 위에 하나씩 임하여 있더니 행 2:3

예수님은 엘리야의 비와 비교할 수 없는 복된 소낙비를
내려 주셨습니다.

> 내가 그들에게 복을 내리고 내 산 사방에 복을 내리며 때
> 를 따라 소낙비를 내리되 복된 소낙비를 내리리라
>
> 겔 34:26

복된 소낙비는 성령님의 생수를 의미합니다. 예수님은
영적 기근으로 고통받는 사람들에게 성령님의 소낙비를
내려 주셨습니다. 예수님은 우리에게 하늘 문을 여는 천
국 열쇠를 주셨습니다.

> 내가 천국 열쇠를 네게 주리니 네가 땅에서 무엇이든지
> 매면 하늘에서도 매일 것이요 네가 땅에서 무엇이든지 풀
> 면 하늘에서도 풀리리라 하시고 마 16:19

예수님이 주신 천국 열쇠가 바로 기도입니다. 모든 문
이 닫혀도 하늘 문은 열려 있습니다. 기도는 하나님을 움
직이는 능력입니다. 기도는 하나님의 보좌를 움직이는 능
력입니다. 기도는 하늘에서 불과 비를 내리는 능력입니

다. 천국 열쇠는 사용하라고 주신 하나님의 선물입니다.

선물을 받은 사람의 책임은 그 선물을 누리는 것입니다. 선물을 사용하는 것입니다. 선물을 나누는 것입니다. 천국 열쇠를 받았음을 깨달으십시오. 천국 열쇠를 날마다 사용하십시오. 반복해서 사용하십시오. 기도의 열쇠를 자주 사용할수록 그 능력을 경험하게 됩니다.

하나님은 끈질긴 기도의 사람을 찾으십니다. 지금 이 시대에 엘리야와 같은 기도의 사람을 찾으십니다. 하나님은 기도에 헌신할 수 있는 사람을 찾으십니다. 기도의 골방에서 몇 년이고 기다리며 기도할 수 있는 사람을 찾으십니다. 다니엘은 일평생 골방에서 기도하며 엄청난 영향력을 발휘했습니다.

조지 뮐러(George Müller)는 끈질기게 기도함으로 5만 번의 기도 응답을 받았습니다. 조지 뮐러는 5명의 젊은 친구가 예수님을 영접할 때까지 하루도 쉬지 않고 기도하기로 작정했습니다. 18개월 만에 한 사람이 예수님을 영접했습니다. 이때 조지 뮐러는 일기장에 하나님께 감사하지만 4명이 더 남았으니 계속해서 기도할 것이라고 썼습니다. 5년 후에 두 번째 친구가 예수님을 만났습니다. 다시 6년 뒤, 세 번째 친구가 그리스도를 영접했습니다. 36년 뒤에,

노인이 된 뮐러는 일기장에 아직 회심하지 않은 나머지 2명의 친구에 관해서 이렇게 썼습니다. "하나님께 소망을 두고 계속 기도하리라. 응답을 구하리라." 세 번째 친구가 회심한 지 52년 만에 결국 마지막 두 사람도 그리스도를 영접했습니다. 하나님의 응답은 계속됩니다. 끈질기게 기도하는 중에 하나님이 예비하신 놀라운 응답을 경험하시길 빕니다.

기도 응답의 비밀은

간절함에 있습니다

5장
끈질긴 설득

설득의 지혜가 기적을 창조한다

(열왕기하 5:9-14)

끈질긴 인내, 끈질긴 온유, 끈질긴 매달림, 끈질긴 기도에 이어 끈질긴 설득에 대해 말씀드리려고 합니다. 설득이란 마음을 움직이는 것입니다. 사람의 마음을 움직이는 것은 쉬운 일이 아닙니다. 마음이 움직일 때 몸이 움직입니다. 마음이 움직일 때 행동하게 됩니다. 선택하게 됩니다. 결정하게 됩니다. 결단하게 됩니다.

끈질긴 설득을 가장 잘하는 분은 하나님이십니다. 하나님은 타락한 인간을 구원하기 위해 끈질기게 설득하십니다. 사람은 완악하고 완고하여 하나님의 말씀을 잘 듣지 않습니다. 하지만 하나님은 죄인들을 끈기 있게 찾아오십니다. 끈질긴 사랑으로 끈질기게 설득하십니다.

옛적에 선지자들을 통하여 여러 부분과 여러 모양으로 우리 조상들에게 말씀하신 하나님이 이 모든 날 마지막에는 아들을 통하여 우리에게 말씀하셨으니 이 아들을 만유의 상속자로 세우시고 또 그로 말미암아 모든 세계를 지으셨느니라 히 1:1-2

하나님은 수많은 선지자를 통해 여러 부분과 여러 모양으로 말씀하셨습니다. 그래도 잘 듣지 않으니까 하나님의 독생하신 아들을 보내 우리에게 말씀하십니다. 또한 지금은 성령님을 우리에게 보내 설득하고 계십니다.

하나님의 끈질긴 설득을 통해 복음을 받은 사람은 하나님의 자녀가 됩니다. 영생을 얻게 됩니다. 하나님 나라의 상속자가 됩니다. 하나님이 제공해 주시는 엄청난 유익과 혜택을 누리게 됩니다. 반면에, 하나님의 끈질긴 설득을 거절하는 사람에게는 하나님의 진노가 있습니다. 저주가 있습니다. 재앙이 있습니다. 심판과 정죄가 있습니다. 따라서 설득의 문제는 사느냐 죽느냐의 문제입니다. 복과 저주의 문제입니다. 천국과 지옥의 문제입니다.

열왕기하 5장의 나아만 장군과 어린 소녀의 이야기에서 우리는 설득이란 무엇이며, 왜 해야 하고, 어떻게 해야 하는지를 배우게 됩니다.

하나님은 끈질긴 설득을 통해 생명을 살리신다

열왕기하 5장은 아주 놀라운 설득의 이야기입니다. 하나님은 이야기를 좋아하십니다. 사람들도 이야기를 좋아합니다. 열왕기하 5장에는 나병에 걸렸다가 요단강에서 고침 받은 나아만 장군의 이야기가 나옵니다. 여기에는 이스라엘에서 포로로 끌려온 어린 소녀의 이야기도 있습니다. 열왕기하 5장은 나아만 장군이 어떤 사람이며 어떤 문제가 있었는지를 설명하는 것으로 이야기를 시작합니다.

> 아람 왕의 군대 장관 나아만은 그의 주인 앞에서 크고 존귀한 자니 이는 여호와께서 전에 그에게 아람을 구원하게 하셨음이라 그는 큰 용사이나 나병환자더라 왕하 5:1

나아만은 아람 왕의 군대 장관입니다. 왕 앞에 크고 존귀한 사람입니다. 더욱 놀라운 사실은 하나님이 그에게 아람을 구원하게 하셨다고 합니다. 하나님은 그분의 백성만 주관하시는 분이 아닙니다. 하나님은 열방과 모든 백성을 주관하십니다. 하나님이 나아만 장군을 전쟁에서 승리케 하셨습니다. 그는 큰 용사였습니다. 그런데 그에게 큰 문제가 있었습니다. 그는 나병환자였습니다. 그 당시 나병은 불치병이자 저주받은 병으로 알려졌습니다.

나아만의 경력은 화려합니다. 그가 입은 군복도 화려합니다. 그런데 그의 속은 나병으로 썩어 문드러지고 있습니다. 겉과 속이 너무 다릅니다. 그 용맹스런 용사가 죽음 앞에서 떨고 있습니다. 열왕기하 5장 2절에 어린 소녀가 등장합니다.

> 전에 아람 사람이 떼를 지어 나가서 이스라엘 땅에서 어린 소녀 하나를 사로잡으매 그가 나아만의 아내에게 수종 들더니 왕하 5:2

이 어린 소녀는 이스라엘에서 포로로 사로잡혀 왔습니다. 나아만 아내의 수종을 들고 있었습니다. 개역한글에는 "작은 계집아이"라고 표현되어 있는데, 이 소녀는 이름도 없습니다. 소녀가 여주인인 나아만 장군의 아내를 설득합니다.

> 그의 여주인에게 이르되 우리 주인이 사마리아에 계신 선
> 지자 앞에 계셨으면 좋겠나이다 그가 그 나병을 고치리이
> 다 하는지라 왕하 5:3

이 어린 소녀의 말을 들은 나아만 장군의 아내가 남편
을 설득합니다. 아내의 말을 들은 나아만 장군이 자기의
주인인 아람 왕에게 가서 소녀의 말을 전합니다. 아람 왕
이 이스라엘에 가서 선지자를 만나라면서 이스라엘 왕에
게 편지까지 써 주겠다고 합니다.

> 나아만이 들어가서 그의 주인께 아뢰어 이르되 이스라엘
> 땅에서 온 소녀의 말이 이러이러하더이다 하니 아람 왕이
> 이르되 갈지어다 이제 내가 이스라엘 왕에게 글을 보내리
> 라 하더라 나아만이 곧 떠날새 은 십 달란트와 금 육천 개
> 와 의복 열 벌을 가지고 가서 이스라엘 왕에게 그 글을 전
> 하니 일렀으되 내가 내 신하 나아만을 당신에게 보내오니
> 이 글이 당신에게 이르거든 당신은 그의 나병을 고쳐 주
> 소서 하였더라 왕하 5:4-6

놀라운 일이 전개되고 있습니다. 어린 소녀의 말에 나아만 장군의 아내가 움직이고, 나아만 장군이 움직이고, 아람 왕이 움직이고 있습니다.

"설득은 사람을 움직이는 힘입니다."
"설득은 사람의 생각과 감정과 행동을 움직이는 힘입니다."
"설득은 영향력입니다."
"설득은 결과를 낳습니다."

우리는 어린 소녀를 통해 끈질긴 설득의 지혜를 배우게 됩니다.

설득의 지혜는 이익과 혜택을 알려 주는 것이다

어린 소녀는 나아만 장군이 이스라엘의 선지자를 만나면 나병이 낫게 될 것이라고 말합니다. "그가 그 나병을 고치리이다"(왕하 5:3하). 사람은 자신에게 이익이 될 때 움직입니다. 사람을 움직이는 가장 강력한 힘은 이익입니다. 자신에게 이익이 되지 않고 다른 사람에게 이익이 되어도 움직입니다. 사람은 이타적입니다. 아람 왕은 나아만 장군을 위해 이스라엘 왕에게 편지를 써 줍니다. 자신을 위한 것이 아니라 나아만 장군을 위한 것입니다.

설득의 지혜는 구체적인 정보를 제공해 주는 것이다

사람들은 구체적일 때 마음이 움직입니다. 어린 소녀는 아주 구체적으로 말합니다. "우리 주인이 사마리아에 계신 선지자 앞에 계셨으면 좋겠나이다"(왕하 5:3상). 어린 소녀는 모호하게 말하지 않습니다. 구체적인 장소와 사람을 언급합니다. 장소는 사마리아입니다. 만나야 할 사람은 선지자입니다.

설득의 지혜는 존중에 있다

사람은 인정받고 존중받기를 원합니다. 사람은 인정받고 존중받을 때 마음이 열립니다. 귀가 열립니다. 뇌가 열립니다. 성경은 나아만 장군을 "주인 앞에서 크고 존귀한 자"(왕하 5:1)라고 설명합니다. 어린 소녀 또한 나아만 장군에 대해 "우리 주인"(왕하 5:3)이라고 표현합니다. 소녀는 비록 포로로 끌려왔지만, 자신이 모시는 여주인과 나아만 장군을 존중했습니다. 여주인은 어린 소녀가 자신과 나아만 장군을 존귀하게 여기는 것을 알았습니다. 사람들은 자기를 존중해 주는 사람의 말에 귀를 기울이고 마음을 엽니다.

설득의 지혜는 공감 능력에 있다

사람은 나의 고통에 공감해 주는 사람에게 마음을 엽니다. 공감이란 감정이입입니다. 상대방의 고통스러운 감정을 이해해 주는 것입니다. 공감 능력은 역지사지(易地思之)에 있습니다. 역지사지란 처지를 바꾸어 생각하고 느끼는 것입니다. 곧 상대방의 입장에서 느끼는 능력입니다.

어린 소녀는 나아만 장군의 고통을 알았습니다. 두려움을 알았습니다. 좌절을 알았습니다. 어린 소녀는 몸이 점점 썩어 가는 나아만 장군과 여주인의 고통을 공감했기에 그들을 설득했습니다. 하지만 이 설득은 위험천만한 것이었습니다. 만일 잘못되면 자기 목숨을 내놓아야 하기 때문입니다. 나아만 장군이 소녀의 말만 믿고 선지자 앞에 갔는데, 만일 선지자가 그의 병을 고치지 못한다면 어린 소녀는 죽은 목숨입니다.

"설득은 모험입니다."
"설득의 결과는 좋을 수도 있고 나쁠 수도 있습니다."
"설득은 신중한 소통 기술입니다."

설득의 지혜는 상대방이 이해할 수 있도록
설명하는 데 있다

설득을 잘하기 위해서는 설명을 잘해야 합니다. 설명을 잘해야 납득이 됩니다. 설명을 잘하기 위해서는 정확한 지식과 정보를 가지고 있어야 합니다. 또한 논리적이어야 합니다. 논리적이라는 것은 원인과 결과를 잘 설명해 주는 것입니다. 어린 소녀는 자신이 모시고 있던 여주인에게 자신이 알고 있는 선지자에 대해 자세히 설명했을 것입니다. 엘리사 선지자에 대한 정확한 정보를 전해 주었을 것입니다. 무엇보다 어린 소녀는 하나님에 대한 정확한 지식을 갖고 있었습니다. 하나님의 능력에 대한 확신을 갖고 있었습니다. 그녀는 하나님을 만나면 나아만 장군이 고침 받을 수 있다고 믿었습니다.

설득의 지혜는 신뢰에 있다

사람은 자신이 신뢰하는 사람의 말에 귀를 기울입니다. 신뢰하는 사람의 말을 믿습니다. 어린 소녀는 여주인의 신뢰를 얻었습니다. 만약에 여주인이 어린 소녀를 신뢰하지 않았다면 그녀가 한 말을 믿지 않았을 것입니다.

어떻게 포로로 잡혀 온 어린 소녀가 여주인에게 신뢰를

얻었을까요? 신뢰를 얻는 길은 진실한 삶에 있습니다. 또한 좋은 태도에 있습니다. 어린 소녀는 포로로 끌려왔으나 불평하거나 원망하며 살지 않았습니다. 머무는 곳에서 최선을 다했습니다. 여주인을 기쁘게 섬겼습니다. 어린 소녀는 여주인에게 나아만 장군의 나병이 고침 받을 수 있다는 소망을 심어 주었습니다. 신뢰는 마음을 얻는 것입니다. 마음을 얻으면 마음을 움직일 수 있습니다.

나태주 시인은 그의 시 〈마음을 얻다〉에서 신뢰가 무엇인지를 말해 줍니다.

있는 것도 없다고
네가 말하면
없는 것이고
없는 것도 있다고
네가 말하면 있는 것이다
후회하지 않겠다

신뢰는 신뢰를 낳습니다. 신뢰가 주는 축복은 소망입니다.

"신뢰는 소망을 낳습니다."

"신뢰하면 새로운 기대가 생깁니다."

"신뢰는 소통의 가장 근본입니다."

여주인은 어린 소녀의 이야기를 들으면서 마음속에 소망이 생겼습니다. 나아만 장군은 그의 아내의 말을 신뢰했습니다. 또한 아람 왕도 나아만 장군의 말을 신뢰했습니다. 신뢰를 통해 서로를 설득했습니다. 그 결과로 나아만 장군은 엘리사 선지자를 만날 수 있었습니다.

설득의 지혜는 온유에 있다

사람을 설득할 때 중요한 것은 말투입니다. 말투가 거칠거나 나쁘면 무슨 말을 하든지 듣고 싶지 않습니다. 그런 까닭에 우리는 누군가를 설득할 때 온유한 말로 해야합니다. 온유한 말투가 가장 좋은 말투입니다. 따뜻하고 부드러운 말투는 사람의 마음을 활짝 열게 만듭니다.

> 너희 마음에 그리스도를 주로 삼아 거룩하게 하고 너희 속에 있는 소망에 관한 이유를 묻는 자에게는 대답할 것을 항상 준비하되 온유와 두려움으로 하고 벧전 3:15

어린 소녀는 하나님을 믿었습니다. 하나님께 소망을 품고 살았습니다. 소망의 이유를 묻는 여주인에게 하나님의 사람 엘리사의 이야기를 들려주었습니다. 나아만 장군이 하나님을 만나면 나을 수 있다는 소망을 품게 했습니다.

끈질긴 설득과 끈질긴 순종이
기적을 창조한다

나아만 장군이 사마리아에 가서 먼저 찾아간 사람은 이스라엘 왕이었습니다. 그는 이스라엘 왕을 만나 아람 왕의 편지를 전달했습니다.

> 아람 왕이 이르되 갈지어다 이제 내가 이스라엘 왕에게 글을 보내리라 하더라 나아만이 곧 떠날새 은 십 달란트와 금 육천 개와 의복 열 벌을 가지고 가서 이스라엘 왕에게 그 글을 전하니 일렀으되 내가 내 신하 나아만을 당신에게 보내오니 이 글이 당신에게 이르거든 당신은 그의 나병을 고쳐 주소서 하였더라 이스라엘 왕이 그 글을 읽고 자기 옷을 찢으며 이르되 내가 사람을 죽이고 살리는

하나님이냐 그가 어찌하여 사람을 내게로 보내 그의 나병을 고치라 하느냐 너희는 깊이 생각하고 저 왕이 틈을 타서 나와 더불어 시비하려 함인 줄 알라 하니라 왕하 5:5-7

이스라엘 왕이 아람 왕의 편지를 받고 충격을 받습니다. 자기 옷을 찢으면서 자기는 하나님이 아니며 나병을 고칠 수 없다고 말합니다. 그 소식을 전해 들은 엘리사가 왕에게 연락해서 나아만 장군을 그에게 보내라고 말합니다(왕하 5:8). 나아만 장군이 엘리사의 집에 찾아왔을 때 엘리사가 사환을 보내어 말합니다.

엘리사가 사자를 그에게 보내 이르되 너는 가서 요단강에 몸을 일곱 번 씻으라 네 살이 회복되어 깨끗하리라 하는지라 왕하 5:10

엘리사의 말을 듣고 나아만 장군이 노를 발하면서 그의 생각을 말합니다.

나아만이 노하여 물러가며 이르되 내 생각에는 그가 내게로 나와 서서 그의 하나님 여호와의 이름을 부르고 그의 손을 그 부위 위에 흔들어 나병을 고칠까 하였도다 다메섹 강 아바나와 바르발은 이스라엘 모든 강물보다 낫지 아니하냐 내가 거기서 몸을 씻으면 깨끗하게 되지 아니하랴 하고 몸을 돌려 분노하여 떠나니 왕하 5:11-12

나아만 장군의 생각과 엘리사의 생각이 달랐습니다. 나아만 장군의 생각과 하나님의 생각이 달랐습니다. 비록 나아만 장군이 노를 발하지만 그 속에 신앙심이 담겨 있음을 알아야 합니다.

… 그가 내게로 나와 서서 그의 하나님 여호와의 이름을 부르고 그의 손을 그 부위 위에 흔들어 나병을 고칠까 하였도다 왕하 5:11

나아만은 엘리사가 하나님의 사람인 것을 인정했습니다. 또한 엘리사의 하나님을 인정했습니다. 하지만 나아만 장군은 노를 발하며 그냥 돌아가려 합니다. 위기의 순간입니다. 그냥 돌아가면 죽습니다. 나아만 장군이 돌아가려고 할 때 그를 설득한 사람들이 있습니다. 바로 그의 종들입니다. 그들이 끈질기게 그를 설득합니다.

그의 종들이 나아와서 말하여 이르되 내 아버지여 선지자
가 당신에게 큰일을 행하라 말하였더면 행하지 아니하였
으리이까 하물며 당신에게 이르기를 씻어 깨끗하게 하라
함이리이까 하니 왕하 5:13

저는 이 종들 중에는 여주인을 모신 어린 소녀가 있었
을 것이라 생각합니다. 종들의 설득이 아주 탁월합니다.
끈질깁니다.

첫째, 존중하며 설득합니다.

"내 아버지여." 나아만 장군을 아버지라고 부릅니다. 누
군가를 설득할 때 호칭이 중요합니다. 아버지라는 호칭은
존중의 표현입니다. 사랑을 보여 주는 호칭입니다.

둘째, 논리적으로 설득합니다.

질문은 논리적으로 설득하는 방법 중 하나입니다. 질문
은 상대방으로 하여금 생각하게 만듭니다. 종들이 두 번
질문합니다.

선지자가 당신에게 큰일을 행하라 말하였더면 행하지 아

니하였으리이까 왕하 5:13상

하물며 당신에게 이르기를 씻어 깨끗하게 하라 함이리이까 왕하 5:13하

논리적으로 설득하는 방법은 비교하고 대조하는 것입니다. 큰일을 행하라고 말해도 따랐을 텐데 요단강에 일곱 번 들어갔다가 나오는 것이 무엇이 어렵습니까? 설득에 있어 논리는 아주 중요합니다. 사람들은 감정과 논리를 따라 움직입니다. 우리는 논리를 통해 사람들을 설득하고, 또한 복음을 전해야 합니다. 달라스 윌라드(Dallas Willard)는 그의 책 《온유한 증인》에서 이 점을 강조합니다.

"인간의 논리 활동은 믿음의 기초를 이루는 필수 요소다. 논리는 우리 손에 들린 기본 공구다. 그것으로 우리는 하나님과 협력하여 비신자들의 마음속에 믿음이 생겨나게 하고 신자들의 믿음을 바로잡아 준다. 요컨대 이성은 복음의 사역에서 우리 쪽의 열쇠다."

(달라스 윌라드, 《온유한 증인》, 복있는사람, 54쪽)

셋째, 스스로 결정하도록 온유하게 설득합니다.

종들이 주인을 설득하는 방법이 온유합니다. 설득은 하지만 강요하지 않습니다. 사람들은 강요받거나 설득당하는 것을 싫어합니다. 기분 나쁘게 생각합니다. 지혜로운 설득은 강요하지 않고 설득하는 것입니다. 온유하게 설득함으로 상대방이 결정하게 만드는 것입니다. 종들의 말을 들은 나아만 장군은 요단강에 들어가서 일곱 번 몸을 담급니다.

> 나아만이 이에 내려가서 하나님의 사람의 말대로 요단강에 일곱 번 몸을 잠그니 그의 살이 어린아이의 살같이 회복되어 깨끗하게 되었더라 왕하 5:14

"끈질긴 설득이 끈질긴 순종을 낳았습니다."

만약에 종들이 끈질기게 설득하지 않았다면 나아만 장군은 고침 받지 못했을 것입니다.

"끈질긴 순종이 하나님의 기적을 낳습니다."
"순종의 양이 찰 때 기적이 일어납니다."

나아만 장군이 나병을 고침 받은 것은 그가 요단강에 일곱 번 몸을 담갔을 때입니다. 그는 "하나님의 사람의 말대로" 순종했습니다. 중간에 멈추지 않았습니다. 끝까지 순종했습니다. 믿는다는 것은 순종한다는 것입니다. 믿으면 순종합니다. 믿음은 선물입니다. 믿어지는 것이 축복이고 은혜입니다. 하나님이 나아만 장군에게 베푸신 은혜는 믿음입니다. 하나님을 신뢰하는 믿음입니다. 예수님도 그의 믿음을 칭찬하셨습니다.

> 또 선지자 엘리사 때에 이스라엘에 많은 나병환자가 있었으되 그중의 한 사람도 깨끗함을 얻지 못하고 오직 수리아 사람 나아만뿐이었느니라 눅 4:27

나아만이 엘리사를 찾아간 것은 하나님이 그의 병을 고칠 수 있다는 믿음을 가졌기 때문입니다. 그의 믿음은 경청하는 믿음입니다. 그는 어린 소녀의 말을 경청했습니다. 종들의 말을 경청했습니다. 하나님의 사람 엘리사의 말에 경청했습니다. 그리고 순종했습니다.

"경청이 순종을 낳습니다."

"경청이 치유를 낳습니다."
"경청을 통해 복을 받게 됩니다."

나아만 장군은 자기 생각을 내려놓을 줄 알았습니다. 그리고 하나님의 생각을 받아들일 줄 알았습니다. 그는 자기 한계를 인정함으로 하나님의 능력을 갈망했습니다. 그가 고침을 받았을 때 그는 하나님을 찬양합니다. 하나님께 영광을 돌립니다.

> 나아만이 모든 군대와 함께 하나님의 사람에게로 도로 와서 그의 앞에 서서 이르되 내가 이제 이스라엘 외에는 온 천하에 신이 없는 줄을 아나이다 왕하 5:15상

끈질긴 설득을 통해
하나님께 영광 돌리는 인생

어린 소녀의 끈질긴 설득을 통해 아람 땅에 하나님의 영광이 드러났습니다. 나아만 장군의 온 집안이 하나님께 돌아왔을 것입니다. 나아만 장군이 고침 받고 돌아왔을

때 누가 가장 기뻐했을까요? 어린 소녀입니다. 그날 이후로 어린 소녀는 나아만 장군의 집에서 더욱 사랑받는 사람이 되었을 것입니다. 다른 사람을 잘 섬길 때 우리 삶이 더욱 복됩니다.

> 그러므로 무엇이든지 남에게 대접을 받고자 하는 대로 너희도 남을 대접하라 이것이 율법이요 선지자니라 마 7:12

우리는 어린 소녀의 삶의 태도를 배워야 합니다. 어린 소녀는 자신이 머무는 곳을 사랑했습니다. 심긴 곳에서 꽃을 피웠습니다. 그녀는 환경을 탓하지 않았습니다. 그녀가 머무는 곳에서 할 수 있는 일을 행함으로 하나님께 영광을 돌렸습니다. 그녀가 끈질긴 설득을 할 수 있었던 비밀은 그녀의 삶에 있었습니다.

"설득을 잘하기 위해서는 잘 살아야 합니다."

말만 잘해서는 잘 설득할 수 없습니다. 잘 살아야 잘 설득할 수 있습니다.

"잘 살면 사람들의 신뢰를 얻을 수 있습니다."

"잘 살면 말을 잘할 수 있습니다."

"잘 사는 모습을 보면 사람들은 경청합니다."

"잘 살고 잘 말하기 위해 하나님의 은혜와 지혜를 받아야 합니다."

"우리가 잘 살아야 할 가장 소중한 이유는 복음을 잘 전하기 위해서입니다."

우리 주위에 나아만 장군과 같은 사람들이 많습니다. 겉으로는 부와 권세와 명예를 가진 화려한 삶을 사는 것 같지만, 그 속은 썩어 있습니다. 그 영혼은 병들어 있습니다. 절망 중에 있습니다. 우리는 그들에게 예수님의 복음을 전해야 합니다. 복음으로 사람들을 잘 설득해서 그들이 영생의 복을 누리게 해야 합니다. 그러려면 끈질긴 설득의 지혜를 배우고 익혀야 합니다. 어린 소녀처럼 지혜롭고 온유하며 끈질긴 설득의 사람이 되시길 빕니다. 그리하여 많은 사람을 하나님께로 인도하시길 빕니다. 또한 끈질긴 설득을 통해 풍성한 복을 받아 누리시길 빕니다.

6장
끈질긴 성취

집중과 열정으로 사명을 잡다

(느헤미야 6:14-16)

하나님은 일을 좋아하십니다. 일을 행하시고 일을 만들어 성취하시는 분입니다. "일을 행하시는 여호와, 그것을 만들며 성취하시는 여호와, 그의 이름을 여호와라 하는 이가 이와 같이 이르시도다"(렘 33:2). 하나님은 예수님께 십자가의 과업을 맡기셨습니다. 예수님은 아버지께서 맡기신 일을 끈질기게 성취하셨습니다. 예수님은 끈질긴 기도와 끈질긴 인내를 통해 십자가의 과업을 성취하셨습니다. 그리함으로 하나님 아버지께 영광을 돌리셨습니다. 하나님은 끈질긴 성취를 통해 영광을 받으십니다.

아버지께서 내게 하라고 주신 일을 내가 이루어 아버지를 이 세상에서 영화롭게 하였사오니 요 17:4

하나님은 우리에게 일을 맡기십니다. 하나님이 맡기신 일이 과업입니다. 과업을 성취하는 것은 즐겁고 보람 있으며 의미 있는 일입니다. 또한 영광스러운 일입니다. 느헤미야는 하나님의 과업을 성취한 이민자입니다. 하나님이 그에게 맡기신 과업은 예루살렘 성벽을 재건하는 것이었습니다. 느헤미야서는 다음과 같이 시작합니다.

> 하가랴의 아들 느헤미야의 말이라 아닥사스다왕 제이십 년 기슬르월에 내가 수산 궁에 있는데 내 형제들 가운데 하나인 하나니가 두어 사람과 함께 유다에서 내게 이르렀기로 내가 그 사로잡힘을 면하고 남아 있는 유다와 예루살렘 사람들의 형편을 물은즉 그들이 내게 이르되 사로잡힘을 면하고 남아 있는 자들이 그 지방 거기에서 큰 환난을 당하고 능욕을 받으며 예루살렘성은 허물어지고 성문들은 불탔다 하는지라 느 1:1-3

느헤미야는 예루살렘에서 800마일(약 1300km) 떨어진 수산 궁에 있었습니다. 수산 궁에서 아닥사스다왕의 술관원으로 일하던 그가 예루살렘 소식을 들었습니다. 예루살렘성은 허물어지고 성문들은 불탔으며 남아 있는 자들이 큰 환난을 당해 능욕을 받고 있다는 것입니다. 그 소식을 듣고 느헤미야가 울며 기도하던 중에 사명을 깨닫습니다. 그 사명은 예루살렘 성벽을 재건하는 것이었습니다.

"그는 성공을, 섬김을 위한 수단으로 삼았습니다."
"그는 성공을, 사명 완수를 위한 수단으로 삼았습니다."

느헤미야는 기도 중에 깨달은 하나님의 과업을 성취하기 위해 전심전력했습니다. 그 결과 예루살렘 성벽 재건을 시작한 지 52일 만에 그 과업을 성취했습니다. "성벽 역사가 오십이 일 만인 엘룰월 이십오 일에 끝나매"(느 6:15). 포로 생활 70년 동안 무너졌던 예루살렘 성벽입니다. 포로 생활에서 귀환한 이스라엘 백성이 성전은 재건했지만 성벽은 재건하지 못하고 있었습니다. 바로 그 힘든 과업을 느헤미야가 52일 만에 성취한 것입니다. 우리는 느헤미야를 통해 끈질긴 성취를 배울 수 있습니다.

끈질긴 기도를 통해
끈질긴 성취를 이루었다

느헤미야는 기도의 능력을 알았습니다. 그는 하나님이 주신 사명을 자각했을 때 그 과업을 성취하기 위해서는 하나님의 도우심이 필요함을 알았습니다. 작은 일은 우리 힘으로 할 수 있습니다. 하지만 크고 위대한 일은 하나님의 도우심으로 가능합니다. 그가 예루살렘 성벽 소식을 듣고 제일 먼저 한 일은 기도입니다. 그 이유는 하나님의 도우심이 절대적으로 필요했기 때문입니다.

"기도란 하나님의 도우심을 받는 것입니다."

내가 이 말을 듣고 앉아서 울고 수일 동안 슬퍼하며 하늘의 하나님 앞에 금식하며 기도하여 느 1:4

우리는 느헤미야를 통해 하나님의 마음을 움직이는 기도의 비밀을 배울 수 있습니다.

눈물의 기도

느헤미야는 눈물의 기도를 드렸습니다. 눈물의 기도가 하나님의 마음을 움직입니다. "내가 이 말을 듣고 앉아서 울고 수일 동안 슬퍼하며"(느 1:4상). 하나님은 눈물의 기도를 귀히 여기십니다. 눈물의 기도 속에는 간절함과 애절함이 담겨 있습니다. 눈물의 기도는 감성 기도입니다.

금식기도

느헤미야는 또한 금식하며 기도했습니다. "하늘의 하나님 앞에 금식하며 기도하여"(느 1:4하). 금식기도는 특별한 기도입니다. 우리는 아무 때나 금식하며 기도하지 않습니다. 상황이 절박할 때 금식하며 기도합니다. 금식기도가 하나님의 마음을 움직입니다. 기도의 사람들은 금식기도의 소중함을 압니다. 성경에는 개인 금식기도와 단체 금식기도가 나옵니다. 이사야는 금식기도의 능력에 대해 다음과 같이 말했습니다.

> 내가 기뻐하는 금식은 흉악의 결박을 풀어 주며 멍에의 줄을 끌러 주며 압제당하는 자를 자유하게 하며 모든 멍에를 꺾는 것이 아니겠느냐 사 58:6

회개기도

느헤미야는 회개하며 기도했습니다. 회개기도가 하나님의 마음을 움직입니다. "이제 종이 주의 종들인 이스라엘 자손을 위하여 주야로 기도하오며 우리 이스라엘 자손이 주께 범죄한 죄들을 자복하오니 주는 귀를 기울이시며 눈을 여시사 종의 기도를 들으시옵소서 나와 내 아버지의 집이 범죄하여 주를 향하여 크게 악을 행하여 주께서 주의 종 모세에게 명령하신 계명과 율례와 규례를 지키지 아니하였나이다"(느 1:6-7). 느헤미야는 자신의 죄뿐만 아니라 조상들의 죄까지 회개했습니다. 회개기도는 과업을 성취하기 전에 그릇을 준비하는 기도입니다.

끈질긴 기도

느헤미야는 끈질기게 기도했습니다. 끈질긴 기도가 하나님의 마음을 움직입니다. 느헤미야는 주야로 기도했습니다(느 1:6). 그는 과업을 성취하는 중에도 어려움을 만날 때마다 기도했습니다. 그는 기도하면서 성벽 재건을 준비했습니다. 계획을 세웠습니다. 그리고 왕의 마음을 움직여 달라고 끈질기게 기도했습니다. 느헤미야는 과업 성취를 위해 그가 모시는 왕이 도와주어야 함을 알았습니다.

주여 구하오니 귀를 기울이사 종의 기도와 주의 이름을
경외하기를 기뻐하는 종들의 기도를 들으시고 오늘 종이
형통하여 이 사람 앞에서 은혜를 입게 하옵소서 하였나니
그때에 내가 왕의 술 관원이 되었느니라 느 1:11

느헤미야가 말한 "이 사람"은 그가 모시던 아닥사스다
왕을 일컫습니다. 그가 기도를 시작한 때가 기슬르월입니
다. 현대 달력으로는 12월입니다. 그리고 왕의 마음을 움
직여 달라는 기도가 응답된 것은 니산월입니다. 니산월은
4월입니다. "아닥사스다왕 제이십년 니산월에 왕 앞에 포
도주가 있기로 내가 그 포도주를 왕에게 드렸는데 이전
에는 내가 왕 앞에서 수심이 없었더니"(느 2:1). 그는 4개월
동안 주야로 끈질기게 기도하며 기다렸습니다.

섬광(閃光)기도

느헤미야는 섬광기도를 드릴 줄 알았습니다. 하나님은
섬광기도에 응답하십니다.

섬광이란 순간적으로 강력히 번쩍이는 빛이란 뜻입니
다. 섬광기도란 기도의 섬광을 쏘는 것입니다. 하나님이
우리가 기도하는 대상에게 빛을 비추어 주시도록 기도하

는 것입니다. 느헤미야는 4개월을 기도로 준비하며 기다린 결과 포도주를 왕께 드리게 되었습니다. 왕이 그의 얼굴에 수심이 가득한 것을 보고 무슨 일인지 묻습니다. 이때 느헤미야는 예루살렘 성읍 소식을 전합니다.

> 왕께 대답하되 왕은 만세수를 하옵소서 내 조상들의 묘실이 있는 성읍이 이제까지 황폐하고 성문이 불탔사오니 내가 어찌 얼굴에 수심이 없사오리이까 하니 느 2:3

아닥사스다왕이 느헤미야의 말을 듣고 원하는 게 무엇이냐고 묻습니다. 그러자 느헤미야는 잠시 하늘의 하나님께 묵도합니다.

> 왕이 내게 이르시되 그러면 네가 무엇을 원하느냐 하시기로 내가 곧 하늘의 하나님께 묵도하고 느 2:4

느헤미야서를 읽을 때마다 느끼는 가장 아름답고 감동적인 장면입니다. 느헤미야는 아닥사스다왕 앞에서 왕 중의 왕이신 하나님께 기도드립니다. 그의 묵도는 짧은 기도입니다. 이런 기도를 프랭크 루박(Frank C. Laubach)은 '섬광기도'라고 했습니다. '화살기도'라고도 합니다. 느헤미야는 과업을 성취하는 중에도 어려운 일을 만나면 곧바로 섬광기도를 드렸습니다. 대적을 만났을 때 기도하고, 일하는 중에도 기도했습니다. 느헤미야 4장에서 산발랏과 도비야와 아라비아 사람들과 암몬 사람들과 아스돗 사람들이 연합해서 느헤미야를 공격합니다. 그때 느헤미야는 즉각 기도했습니다.

> 우리가 우리 하나님께 기도하며 그들로 말미암아 파수꾼을 두어 주야로 방비하는데 느 4:9

끈질긴 기도와 섬광기도가 조화를 이룰 때 과업은 성취됩니다. 빛을 쏘듯이 섬광기도를 드리십시오. 화살을 쏘듯이 섬광기도를 드리십시오. 하나님이 놀라운 방법으로 응답해 주십니다. 느헤미야가 드린 기도를 하나님이 응답해 주셨습니다. 하나님은 예루살렘 성벽 재건을 하는 데 필요한 모든 것을 왕을 통해 도와주십니다.

> 내 하나님의 선한 손이 나를 도우시므로 왕이 허락하고
> 느 2:8하

왜 제가 이토록 반복해서 기도를 강조할까요? 고든(A. J. Gordon)의 말로 대신 답하고 싶습니다.

"우리가 기도한 후에는 기도한 것보다 더 많은 일을 할 수 있지만 기도하기 전에는 결코 기도한 것 이상의 것을 할 수 없다."

끈질긴 설득을 통해
끈질긴 성취를 이루었다

느헤미야는 기도를 통해 하나님을 설득했습니다. 또한 아닥사스다왕을 설득했습니다. 예루살렘에 도착해서는 이스라엘 백성을 설득했습니다.

> 후에 그들에게 이르기를 우리가 당한 곤경은 너희도 보고 있는 바라 예루살렘이 황폐하고 성문이 불탔으니 자, 예루살렘성을 건축하여 다시 수치를 당하지 말자 하고 또 그들에게 하나님의 선한 손이 나를 도우신 일과 왕이 내게 이른 말씀을 전하였더니 그들의 말이 일어나 건축하자 하고 모두 힘을 내어 이 선한 일을 하려 하매 ㄴ 2:17-18

사람을 움직이는 일은 힘이 듭니다. 느헤미야는 이스라엘의 방백들과 제사장들을 모아서 그들에게 무엇을 행할 것이며, 왜 행할 것인지를 설명합니다. 자신이 어떻게 확신을 갖게 되었는지도 설명합니다. 곧 하나님의 선한 손이 그를 도우신 일과 왕의 말을 전달한 것입니다. 느헤미야는 비전을 제시하고 동기를 부여할 줄 아는 리더였습니다. 그의 말에 사람들이 예루살렘의 성벽 재건에 동참하겠다고 나섭니다.

> 그들의 말이 일어나 건축하자 하고 모두 힘을 내어 이 선한 일을 하려 하매 느 2:18하

한 번의 설득으로 과업을 성취할 수 있는 것은 아닙니다. 느헤미야가 과업을 완수하기 위해 여러 번 지도자들과 백성들을 끈질기게 설득하는 것을 봅니다.

끈질긴 반대를 극복함으로써
끈질긴 성취를 이루었다

하나님이 기뻐하시는 일을 행할 때 반대하는 사람이 있다는 것을 기억해야 합니다. 조롱하고 비웃는 사람도 있다는 것을 기억해야 합니다. 하나님의 뜻이니까 어떤 반대도 없을 것이라고 생각하지 마십시오. 느헤미야가 예루살렘에 도착했을 때부터 시작된 반대는 과업을 완성할 때까지 계속되었습니다.

"끈질긴 반대를 극복하기 위해서는 지혜가 필요합니다."

느헤미야가 성벽을 재건한 이야기는 영화처럼 드라마틱합니다. 사람들에게 감동을 주는 드라마는 아무 문제가 없는 드라마가 아닙니다. 장애물이 있고 갈등이 있고 위협이 있습니다. 위기가 있고 문제가 있습니다. 그 모든 것에 지혜롭게 반응하고 대처하는 중에 드라마는 즐거움을 더해 갑니다. 느헤미야가 예루살렘에 도착해서 백성을 설득할 때 반대하는 사람들을 만납니다.

호론 사람 산발랏과 종이었던 암몬 사람 도비야와 아라비아 사람 게셈이 이 말을 듣고 우리를 업신여기고 우리를 비웃어 이르되 너희가 하는 일이 무엇이냐 너희가 왕을 배반하고자 하느냐 하기로 느 2:19

반대하는 사람들의 특징은 업신여기는 것입니다. 비웃는 것입니다. 그들은 때로 논리적이며 치밀하기까지 합니다. 그들은 느헤미야가 왕을 배반하는 일을 하고 있다고 말합니다. 그들의 말에는 얼마간 진실이 있기도 합니다. 이전에 아닥사스다왕이 성벽 재건을 금한 일이 있었습니다. 예루살렘 성벽 재건을 반대하는 사람들이 이스라엘이 성벽을 쌓아 왕을 반역하려 한다는 음모를 꾸며 왕께 조서를 올린 까닭입니다. 아닥사스다왕이 그 편지를 받고 성벽 재건을 금했습니다.

이제 너희는 명령을 전하여 그 사람들에게 공사를 그치게 하여 그 성을 건축하지 못하게 하고 내가 다시 조서 내리기를 기다리라 스 4:21

한때 공사를 금한 아닥사스다왕이 느헤미야에게 성벽

재건을 허락한 것은 놀라운 기도 응답의 결과입니다. 왕이 마음을 바꾼 것은 기도 응답이 아니면 이해할 수 없는 사건입니다. 끈질긴 성취를 위해서는 끈질긴 반대를 이겨 내야 합니다. 느헤미야 4장을 보면 반대 세력은 열 번이나 공사를 그치게 하려고 공격했습니다.

> 우리의 원수들은 이르기를 그들이 알지 못하고 보지 못하는 사이에 우리가 그들 가운데 달려 들어가서 살륙하여 역사를 그치게 하리라 하고 그 원수들의 근처에 거주하는 유다 사람들도 그 각처에서 와서 열 번이나 우리에게 말하기를 너희가 우리에게로 와야 하리라 하기로 느 4:11-12

원수들만 끈질기게 공격한 것이 아니라 원수들 근처에 거주하는 유다 사람들도 느헤미야를 방해했습니다. "열 번이나"라는 말은 그들이 얼마나 집요하게 공격했는지를 알려 줍니다. 느헤미야 6장에 가면 원수들의 공격이 더욱 무서워집니다. 그들은 이제 느헤미야를 죽이려고 합니다.

> 산발랏과 도비야와 아라비아 사람 게셈과 그 나머지 우리의 원수들이 내가 성벽을 건축하여 허물어진 틈을 남기지

아니하였다 함을 들었는데 그때는 내가 아직 성문에 문짝을 달지 못한 때였더라 산발랏과 게셈이 내게 사람을 보내어 이르기를 오라 우리가 오노 평지 한 촌에서 서로 만나자 하니 실상은 나를 해하고자 함이었더라 느 6:1-2

느헤미야는 기도의 사람이면서 지혜의 사람입니다. 그는 어떻게 원수들의 계략에 반응했을까요?

"음모를 분별하는 지혜로 대처했습니다."
"지혜는 분별력입니다."
"분별력이란 사람을 분별하고, 때를 분별하고, 장소를 분별하는 능력입니다."
"분별력은 과업을 완수하는 데 중요한 지혜입니다."
"분별력에 따라 사람이 살 수도 있고 죽을 수도 있습니다."

느헤미야가 분별하지 못하고 오노 평지 한 촌으로 갔다면 죽었을 것입니다. 그가 죽었다면 성벽 재건은 중단되고 말았을 것입니다. 느헤미야는 원수들의 음모를 분별한 후에 거절했습니다.

내가 곧 그들에게 사자들을 보내어 이르기를 내가 이제 큰 역사를 하니 내려가지 못하겠노라 어찌하여 역사를 중지하게 하고 너희에게로 내려가겠느냐 하매 느 6:3

"지혜로운 거절을 통해 과업은 성취됩니다."

원수들의 공격은 대단히 집요합니다. "그들이 네 번이나 이같이 내게 사람을 보내되 나는 꼭 같이 대답하였더니 산발랏이 다섯 번째는 그 종자의 손에 봉하지 않은 편지를 들려 내게 보냈는데"(느 6:4-5). 느헤미야는 그들의 집요한 속임수에 넘어가지 않았습니다. 그는 분별하는 중에 하나님께 기도드렸습니다. "이는 그들이 다 우리를 두렵게 하고자 하여 말하기를 그들의 손이 피곤하여 역사를 중지하고 이루지 못하리라 함이라 이제 내 손을 힘있게 하옵소서 하였노라"(느 6:9).

나중에는 뇌물을 받은 스마야가 거짓 예언으로 그를 유인합니다. "하나님의 전으로 가서 외소 안에 머물고 그 문을 닫자"(느 6:10). 느헤미야는 "누가 외소에 들어가서 생명을 보존하겠느냐 나는 들어가지 않겠노라"(느 6:11)고 거절합니다. 성전 외소는 레위 사람만 들어가게 되어 있습니다. 느헤미야는 말씀을 따라 거절했습니다.

지도자가 된다는 것은 어려운 일입니다. 공격이 치열한 까닭에 용기가 있어야 합니다. 지혜로 거듭 원수들의 계략을 분별해야 합니다. 원수들은 느헤미야를 두렵게 합니다. 죄를 범하도록 유혹합니다. 악한 말을 지어 비방합니다.

> 그들이 뇌물을 준 까닭은 나를 두렵게 하고 이렇게 함으로 범죄하게 하고 악한 말을 지어 나를 비방하려 함이었느니라 느 6:13

느헤미야는 위기가 닥칠 때마다 기도로 극복합니다.

> 내 하나님이여 도비야와 산발랏과 여선지 노아댜와 그 남은 선지자들 곧 나를 두렵게 하고자 한 자들의 소행을 기억하옵소서 느 6:14

여기서 배우는 소중한 교훈이 있습니다.

"과업 성취 직전이 가장 힘듭니다."

"새벽 동트기 전이 가장 어둡습니다."
"과업을 성취하기 위해서는 끝까지 긴장을 늦추어서는 안 됩니다."
"과업을 성취하기 위해서는 뒷심이 필요합니다."
"뒷심은 과업을 마무리하는 힘입니다."
"초심과 뒷심이 합해져야 과업이 성취됩니다."

마침내 위기를 극복하고 성벽 재건이 완성됩니다.

> 성벽 역사가 오십이 일 만인 엘룰월 이십오 일에 끝나매
>
> 느 6:15

끈질긴 성취의 비밀은 집중력에 있다

느헤미야는 52일 동안 오로지 과업에만 집중합니다. 모든 난관을 물리치면서 집중합니다. 동참한 모든 백성과 더불어 집중합니다.

우리가 이같이 공사하는데 무리의 절반은 동틀 때부터 별이 나기까지 창을 잡았으며 그때에 내가 또 백성에게 말하기를 사람마다 그 종자와 함께 예루살렘 안에서 잘지니 밤에는 우리를 위하여 파수하겠고 낮에는 일하리라 하고 나나 내 형제들이나 종자들이나 나를 따라 파수하는 사람들이나 우리가 다 우리의 옷을 벗지 아니하였으며 물을 길으러 갈 때에도 각각 병기를 잡았느니라 느 4:21-23

그들은 밤에는 창을 잡고 성벽을 지켰습니다. 낮에는 일을 했습니다. 심지어 옷을 벗지 아니하고 병기를 잡고 성벽을 지키며 일을 했습니다. 과업 성취의 비밀은 집중에 있습니다. 느헤미야는 집중하여 예루살렘 성벽을 재건합니다.

예루살렘 성벽 재건 후에는 에스라와 더불어 이스라엘 백성의 신앙을 재건합니다. 느헤미야 8장에서 이스라엘 백성이 수문 앞 광장에 모여 에스라로부터 하나님의 말씀을 듣습니다. 느헤미야는 에스라를 초청해 말씀의 부흥을 일으킵니다. 무너진 예배를 재건합니다. 그는 자신이 해야 할 일과 에스라가 해야 할 일을 분별할 줄 알았습니다.

느헤미야는 신앙과 이성이 조화를 이룬 지도자였습니

다. 성공을 섬김의 기회로 삼을 줄 아는 지도자였습니다. 그는 안일한 삶을 내려놓고 헌신적인 삶을 산 지도자였습니다. 끈질긴 기도와 끈질긴 분별력과 끈질긴 인내로 끈질긴 성취를 이루었습니다.

느헤미야보다 더 위대한 지도자를 우리는 알고 있습니다. 예수님입니다. 예수님은 무너진 영혼을 구원하고 무너진 신앙을 재건하기 위해 이 땅에 오셨습니다. 예수님은 크게 두 가지에 집중하셨습니다.

첫째, 열두 제자를 가르치는 일에 집중하셨습니다. 예수님은 사람을 키우고 남기는 일에 집중하셨습니다.

둘째, 십자가를 지는 일에 집중하셨습니다. 예수님의 생애는 십자가를 향해 나아가는 삶이었습니다. 예수님은 십자가에서 우리를 구원하셨습니다.

예수님은 십자가에서 하나님 아버지의 과업을 성취하기까지 엄청난 공격을 받았습니다. 사람들은 예수님을 모함했습니다. 조롱하고 능욕했습니다. 거짓 음모를 꾸몄습니다. 비난하고 비방했습니다. 미쳤다고 했습니다. 귀신들렸다고 했습니다. 하지만 예수님은 물러서시지 않았습니다. 십자가에서 내려오시지 않았습니다. 예수님은 끈질긴 기도와 끈질긴 인내로 끈질긴 성취를 이루셨습니다.

우리 각 사람에게 주어진 과업이 있습니다. 느헤미야처럼 내게 주어진 과업을 발견하십시오. 그 과업에 집중함으로 그 과업을 성취하십시오. 말씀을 통해 배운 끈질긴 성취의 원리를 깨달아 각 사람에게 맡기신 하나님의 과업을 성취하시길 빕니다.

하나님의 사람들은
작은 사인을 크게 봅니다.
확신이 올 때 경험하는 것은 평화입니다.
'이 일은 되겠다'는
사인을 갖는 것이 축복입니다.
그 순간 담대해집니다.
그 순간 마음의 평강이 흘러넘치게 됩니다.

7장
끈질긴 믿음

장애물은 믿음의 축복이다

(마가복음 2:1-12)

하나님이 찾으시는 것은 믿음입니다. 하나님은 믿음을 가진 사람을 찾으십니다. 믿음의 사람은 다릅니다. 믿음의 사람은 하나님의 기적을 믿습니다. 믿음의 사람은 하나님이 함께하실 때 모든 것이 가능하다는 것을 믿습니다. 믿음의 사람은 불가능을 가능케 하시는 하나님을 믿습니다. 하나님은 끈질긴 믿음에 반응하십니다

마가복음 2장은 예수님이 중풍병자 친구들의 믿음을 보고 기적을 베푸신 이야기입니다. 네 명의 친구가 예수님의 소문을 듣고 중풍병자를 데리고 예수님께 왔습니다. 그런데 사람들이 너무 많아 예수님께 데리고 갈 수가 없자, 그들은 지붕을 뜯어 구멍을 낸 뒤 중풍병자가 누운 상을 달아 내렸습니다.

무리들 때문에 예수께 데러갈 수 없으므로 그 계신 곳의 지붕을 뜯어 구멍을 내고 중풍병자가 누운 상을 달아 내리니 예수께서 그들의 믿음을 보시고 중풍병자에게 이르시되 작은 자야 네 죄 사함을 받았느니라 하시니 막 2:4-5

예수님이 그들의 믿음을 보셨습니다. 그들은 누구일까요? 중풍병자가 아니라 중풍병자의 친구들입니다. 예수님이 보신 그들의 믿음은 무엇일까요? 끈질긴 믿음입니다. 우리는 예수님의 마음을 움직인 네 명의 친구들의 믿음을 모범으로 삼아 끈질긴 믿음을 배워야 합니다.

사랑으로 연합하는 믿음이 끈질긴 믿음이다

예수님이 보신 것은 친구들의 사랑입니다. "사람들이 한 중풍병자를 네 사람에게 메워 가지고 예수께로 올새"(막 2:3). 중풍병자를 메고 예수님께 온 네 사람의 사랑에 주목해 보십시오. 하나님이 찾으시는 믿음은 냉정한 믿음이 아닙니다. 사랑으로 역사하는 믿음입니다.

그리스도 예수 안에서는 할례나 무할례나 효력이 없으되
사랑으로써 역사하는 믿음뿐이니라 갈 5:6

네 명의 친구들이 중풍병자를 데리고 온 동기는 오직
사랑입니다. 병들어 누워 있는 친구에 대한 긍휼과 사랑
이 그들을 움직였습니다. 이 세상에서 가장 강력한 힘은
사랑입니다.

"사랑은 거대한 에너지입니다."
"사랑은 사람과 사람 사이를 연결하는 끈입니다."
"사랑은 동사입니다."

중풍병자의 친구들을 움직인 힘은 사랑입니다. 우리를
움직이는 힘도 사랑입니다. 세상을 움직이는 힘도 사랑입
니다. 무엇보다 하나님을 움직이는 힘은 사랑입니다. 하
나님은 사랑이십니다. 성삼위 하나님은 사랑의 하나님이
십니다. 하나님이 우리를 사랑하신 까닭에 예수님을 보내
셨습니다.

사랑은 여기 있으니 우리가 하나님을 사랑한 것이 아니요

하나님이 우리를 사랑하사 우리 죄를 속하기 위하여 화목 제물로 그 아들을 보내셨음이라 요일 4:10

네 명의 친구들이 중풍병자를 메고 예수님께 나아온 것은 결코 쉬운 일이 아닙니다. 여기서 우리는 연합으로 하나 됨, 같은 마음, 같은 믿음, 같은 사랑, 같은 말, 같은 방향, 같은 보조, 같은 뜻을 봅니다.

평안의 매는 줄로 성령이 하나 되게 하신 것을 힘써 지키라 엡 4:3

마음을 같이하여 같은 사랑을 가지고 뜻을 합하며 한마음을 품어 빌 2:2

형제들아 내가 우리 주 예수 그리스도의 이름으로 너희를 권하노니 모두가 같은 말을 하고 너희 가운데 분쟁이 없이 같은 마음과 같은 뜻으로 온전히 합하라 고전 1:10

우리가 같은 믿음의 마음을 가졌으니 우리도 믿었으므로 또한 말하노라 고후 4:13하

하나님은 우리가 연합하는 것을 좋아하십니다. 하나님의 복은 연합하는 사람들에게 임합니다. 분열은 불행을 낳습니다. 사탄은 분리자입니다. 반면에 성령님은 하나되게 하십니다. 우리가 하나될 때 하나님의 복이 위로부터 임합니다.

> 보라 형제가 연합하여 동거함이 어찌 그리 선하고 아름다운고 머리에 있는 보배로운 기름이 수염 곧 아론의 수염에 흘러서 그의 옷깃까지 내림 같고 헐몬의 이슬이 시온의 산들에 내림 같도다 거기서 여호와께서 복을 명령하셨나니 곧 영생이로다 시 133:1-3

연합은 선한 것입니다. 아름다운 것입니다. 복된 것입니다.

뒤로 물러서지 않는 믿음이
끈질긴 믿음이다

예수님이 가시는 곳마다 사람들이 인산인해를 이루었

습니다. 예수님이 도를 전해 주신 까닭입니다. 도는 길입니다. 도는 진리입니다. 도는 우리가 마땅히 살아가야 할 이치입니다. 사람들은 도를 갈망합니다. 예수님이 도를 전하실 때 사람들이 몰려들었습니다.

> 수일 후에 예수께서 다시 가버나움에 들어가시니 집에 계시다는 소문이 들린지라 많은 사람이 모여서 문 앞까지도 들어설 자리가 없게 되었는데 예수께서 그들에게 도를 말씀하시더니 막 2:1-2

놀라운 풍경입니다. 우리가 사모하는 풍경입니다. 예수님이 계신 곳에 말씀이 왕성했습니다. 병자가 고침을 받고 사람들이 변화되었습니다.

중풍병자를 데리고 온 친구들이 많은 무리 때문에 예수님께 나아갈 수 없었습니다. 하지만 그들은 뒤로 물러서지 않았습니다. 포기하지 않았습니다. 그들은 길을 찾았고, 지붕을 뚫기로 했습니다. 예수님은 지붕을 뚫고 중풍병자가 누운 상을 달아 내리는 것을 보고 감탄하셨습니다.

무리들 때문에 예수께 데려갈 수 없으므로 그 계신 곳의 지붕을 뜯어 구멍을 내고 중풍병자가 누운 상을 달아 내리니 예수께서 그들의 믿음을 보시고 중풍병자에게 이르시되 작은 자야 네 죄 사함을 받았느니라 하시니 막 2:4-5

"우리의 실패는 너무 쉽게 포기하는 데 있습니다."
"우리의 문제는 너무 쉽게 뒤로 물러서는 데 있습니다."
"승리는 뒤로 물러서지 않는 것입니다."
"승리는 어떤 난관을 만나도 포기하지 않는 것입니다."

히브리서 11장은 믿음장입니다. 믿음장에 들어가기 전에 히브리서 11장은 믿음을 잘 설명해 줍니다. 믿음으로 사는 것이 무엇인지를 설명해 줍니다. 그것은 뒤로 물러서지 않는 것입니다.

나의 의인은 믿음으로 말미암아 살리라 또한 뒤로 물러가면 내 마음이 그를 기뻐하지 아니하리라 하셨느니라 우리는 뒤로 물러가 멸망할 자가 아니요 오직 영혼을 구원함에 이르는 믿음을 가진 자니라 히 10:38-39

뒤로 물러서지 않을 때 지혜가 임합니다. 조금 더 버티고 조금 더 견딜 때 우리는 지혜를 얻게 됩니다. 남이 볼 수 없는 것을 보게 됩니다. 남이 들을 수 없는 것을 듣게 됩니다. 남이 생각할 수 없는 것을 생각하게 됩니다. 네 명의 친구가 뒤로 물러서지 않았을 때 그들의 눈에 지붕이 보였습니다. 뒤로 물러서지 않는 믿음은 창의력을 낳습니다.

"창의력이란 남이 볼 수 없는 것을 보는 것입니다."
"창의력이란 남이 생각하지 못한 것을 생각해 내는 것입니다."
"창의력은 남이 볼 수 없는 길을 찾아내는 것입니다."

어느 누가 지붕을 뜯어 중풍병자의 침상을 예수님 앞으로 달아 내릴 생각을 했겠습니까? 하지만 그들은 남이 볼 수 없는 지붕 아래로 길이 있음을 보았습니다.

뒤로 물러서지 않는 믿음은 행동하는 믿음입니다. 네 명의 친구가 지붕 아래에 길이 있음을 본 것은 놀랍습니다. 하지만 그보다 더 중요한 것이 있습니다. 그들이 지붕을 뚫었다는 것입니다. 행동으로 옮긴 것입니다. 놀라운 아이디어는 중요합니다. 하지만 그 아이디어를 실행하는 것이 더 중요합니다. 믿음은 행하는 것입니다. 행동하되 섬세해야 합니다.

네 명의 친구는 예수님이 서신 바로 그곳의 지붕을 뚫었습니다. 여기서 우리는 이들의 탁월한 섬김을 봅니다. 중풍병자를 대충 섬긴 것이 아닙니다. 그들은 섬세하게 관찰했습니다. 정확하게 계산했습니다. 예수님이 서신 바로 그 자리에 중풍병자의 침상을 달아 내린 것입니다.

"끈질긴 믿음은 끈질긴 관찰을 의미합니다."
"끈질긴 믿음은 끈질긴 숙고를 의미합니다."
"끈질긴 믿음은 끈질긴 행동을 의미합니다."

장애물을 극복하는 믿음이
끈질긴 믿음이다

네 명의 친구들은 장애물을 만났습니다. 예수님께 나아가지 못하게 만드는 것이 장애물입니다. 그들이 만난 장애물은 '큰 무리'였습니다. "무리들 때문에 예수께 데려갈 수 없으므로"(막 2:4상). 우리가 소원하는 것을 이루기 위해서는 반드시 장애물을 극복해야 합니다. 느헤미야는 예루살렘 성벽을 재건하는 과정에서 수많은 장애물을 극복했습니다. 그는 장애물 때문에 물러서지 않았습니다. 도리어 장애물을 통해 더욱 아름다운 성취를 이루었습니다. 그러면 어떻게 장애물을 극복할 수 있을까요?

장애물을 극복하기 위해 기도해야 한다

우리는 항상 기도해야 합니다. 하지만 장애물을 만나면 더욱 기도해야 합니다. 우리가 기도할 때 장애물을 긍정적으로 바라보는 시각을 갖게 됩니다. 하나님과 함께 장애물을 바라볼 때 장애물이 오히려 복이 될 수 있다는 사실을 깨닫게 됩니다. 우리가 기도할 때 하나님은 장애물을 극복할 수 있는 지혜를 주십니다.

> 너희 중에 누구든지 지혜가 부족하거든 모든 사람에게 후히 주시고 꾸짖지 아니하시는 하나님께 구하라 그리하면 주시리라 약 1:5

이스라엘 백성은 홍해 앞에서 두려워했습니다. 앞에는

홍해, 뒤에는 애굽의 군대가 추격해 왔습니다. 그들은 모세를 원망했습니다. 하지만 모세는 하나님께 기도했습니다. 하나님을 바라보았습니다.

> 모세가 백성에게 이르되 너희는 두려워하지 말고 가만히 서서 여호와께서 오늘 너희를 위하여 행하시는 구원을 보라 너희가 오늘 본 애굽 사람을 영원히 다시 보지 아니하리라 여호와께서 너희를 위하여 싸우시리니 너희는 가만히 있을지니라 출 14:13-14

모세가 홍해 앞에서 기도할 때 하나님은 그가 보지 못한 길을 열어 보여 주셨습니다. 누가 홍해 가운데에 길이 열릴 줄 알았겠습니까? 기도할 때 우리가 보지 못하는 것을 하나님이 보여 주십니다.

장애물을 극복하기 위해 말씀을 묵상해야 한다

말씀을 묵상하는 사람은 장애물을 잘 극복할 수 있는 지혜를 얻게 됩니다. "주의 법을 사랑하는 자에게는 큰 평안이 있으니 그들에게 장애물이 없으리이다"(시 119:165). 시편 119편 전체는 말씀 묵상에 관한 시입니다. 말씀을 사랑하고 묵상하게 되면 장애물을 만나도 우선 큰 평안을 얻게 됩니다. 마음이 불안하면 조급해집니다. 마음이 불안하면 눈이 어두워집니다. 눈이 어두워지면 통찰력을 상실하게 됩니다.

반면에 마음이 평안하면 눈이 밝아집니다. 또한 말씀을 묵상하면 지혜의 눈이 밝아져서 장애물을 잘 극복하게 됩니다. 말씀을 묵상하는 사람에게 장애물이 전혀 없을 수는 없습니다. 하지만 말씀을 묵상하는 사람은 장애물을 잘 극복할 수 있는 지혜를 얻게 됩니다.

장애물을 극복하기 위해 연합해야 한다

혼자서는 할 수 없어도 함께하면 할 수 있습니다. 누구나 장애물을 만납니다. 하지만 어떤 사람은 장애물 앞에서 무너지고, 어떤 사람은 장애물 때문에 더욱 잘됩니다. 장애물 앞에서 쉽게 무너진다면 간절함이 없었기 때문일 것입니다. 랜디 포시(Randy Pausch)의 말을 들어 보십시오.

"장벽이 나타난 것도 이유가 있을 터였다. 장벽이 거기 서 있는 것은 가로막기 위해서가 아니며, 그것은 우리가 얼마나 간절히 원하는지 보여 줄 기회를 주기 위해 거기에서 있는 것이었다. 장벽에는 다 이유가 있다. 장벽은 우리가 무엇을 얼마나 절실하게 원하는지 깨달을 수 있도록 기회를 제공하는 것이다."

(랜디 포시, 《마지막 강의》, 살림)

장애물을 극복하기 위해 핵심을 간파해야 한다

장애물을 만났을 때 우리는 무엇이 중요한가를 깨닫게 됩니다. 무엇이 가장 중요한가를 깨닫는 것이 핵심을 간파하는 것입니다. 지붕이 중요할까요, 중풍병자의 병을 고치는 것이 중요할까요? 지붕을 뜯었을 때 집주인은 어떤 생각을 했을까요? 이 말씀을 읽고 사건의 핵심을 간과하고 누가 지붕을 고쳤을까를 묵상하는 사람이 있습니다. 지붕을 누가 고쳤으며, 지붕을 고치는 데 얼마나 들었을까는 핵심이 아닙니다. 핵심은 예수님이 친구들의 끈질긴 믿음을 보고 중풍병자를 고쳐 주신 것입니다. 손흥민 선수의 아버지가 쓴 책에는 그가 아들에게 남긴 소중한 교훈이 들어 있습니다.

"상대가 넘어지는 것을 보면, 그 상황이 아무리 공을 툭 치면 골문으로 들어갈 수 있는 좋은 찬스라 해도 공을 바깥

으로 차내라. 사람부터 챙겨라. 너는 축구선수이기 이전에
사람이다. 사람이 먼저다."

(손웅정, 《모든 것은 기본에서 시작한다》, 수오서재)

사람이 먼저입니다. 사람을 소중히 여기는 기업, 사람
을 소중히 여기는 교회, 사람을 소중히 여기는 나라가 되
어야 합니다.

예수님은 우리가 구하는 것보다
더 많은 것을 주신다

예수님은 중풍병자의 죄를 용서하셨습니다. "예수께서
그들의 믿음을 보시고 중풍병자에게 이르시되 작은 자야
네 죄 사함을 받았느니라 하시니"(막 2:5). 예수님은 근본적
인 치료를 하시는 분입니다. 중풍병자의 문제는 죄에 있
음을 아셨습니다. 죄책감 때문에 생긴 병인 것을 아셨습
니다. 마음의 병이 그의 몸을 병들게 한 것임을 아셨습니
다. 그래서 그의 죄를 용서해 주신 것입니다.

"예수님은 우리가 원하는 것보다 필요한 것을 주십니다."

"예수님은 우리에게 필요한 것을 채워 주심으로 우리가 원하는 것을 함께 충족시켜 주십니다."

일부 서기관들이 예수님이 신성모독을 했다고 생각했습니다. 예수님은 이 사건을 통해 예수님이 죄를 용서해 주시는 하나님임을 보여 주셨습니다.

> 어떤 서기관들이 거기 앉아서 마음에 생각하기를 이 사람이 어찌 이렇게 말하는가 신성모독이로다 오직 하나님 한 분 외에는 누가 능히 죄를 사하겠느냐 그들이 속으로 이렇게 생각하는 줄을 예수께서 곧 중심에 아시고 이르시되 어찌하여 이것을 마음에 생각하느냐 중풍병자에게 네 죄 사함을 받았느니라 하는 말과 일어나 네 상을 가지고 걸어가라 하는 말 중에서 어느 것이 쉽겠느냐 그러나 인자가 땅에서 죄를 사하는 권세가 있는 줄을 너희로 알게 하려 하노라 하시고 중풍병자에게 말씀하시되 막 2:6-10

우리 인생에서 가장 심각한 죄 문제를 해결해 주실 수

있는 분은 예수님밖에 없습니다. 예수님은 중풍병자의 죄를 해결해 주심으로 그의 병을 고쳐 주셨습니다.

> 내가 네게 이르노니 일어나 네 상을 가지고 집으로 가라 하시니 그가 일어나 곧 상을 가지고 모든 사람 앞에서 나가거늘 그들이 다 놀라 하나님께 영광을 돌리며 이르되 우리가 이런 일을 도무지 보지 못하였다 하더라 막 2:11-12

중풍병자는 이중의 복을 받았습니다. 죄 사함의 복과 병 고침의 복입니다. 당시는 중풍을 나병처럼 회복이 불가능한 병이라 여겼습니다. 그런데 예수님은 그의 병을 순식간에 고쳐 주셨습니다. 예수님이 말씀하실 때 말씀을 통해 그에게 능력이 임했습니다. 그가 일어서더니 누워 있던 침상을 가지고 집으로 돌아갔습니다. 예수님은 우리가 구하는 것과 생각하는 것보다 더 많은 것을 주시는 분입니다.

> 우리 가운데서 역사하시는 능력대로 우리가 구하거나 생각하는 모든 것에 더 넘치도록 능히 하실 이에게 엡 3:20

예수님은 끈질긴 믿음의 사람들에게 상을 주신다

믿음의 사람은 모든 사람이 포기한 그 자리에서 기적을 창조해 냅니다. 이 세상을 움직이는 사람은 믿음의 사람입니다. 믿음의 사람이 꿈을 꿉니다. 비전을 품고 성취합니다. 하나님을 기쁘시게 하는 것은 믿음입니다. 하나님은 믿음의 사람에게 상을 주십니다.

> 믿음이 없이는 하나님을 기쁘시게 하지 못하나니 하나님께 나아가는 자는 반드시 그가 계신 것과 또한 그가 자기를 찾는 자들에게 상 주시는 이심을 믿어야 할지니라 히 11:6

믿음은 성장합니다. 그리스도의 말씀을 들어야 믿음이 성장하게 됩니다. 믿음이 성장하기 위해서는 귀가 열려야 합니다. 예수님을 만나기 위해서는 귀가 열려 있어야 합니다. 믿음이 성장하려면 예수님을 직접 찾아가야 합니다. 직접 만나는 것입니다. 중풍병자의 친구들은 예수님을 찾아갔습니다. 중풍병자가 예수님을 만나도록 주선했습니다. 예수님과의 만남을 주선해 준 것이 최고의 선물입니다.

"인생은 만남입니다."
"누구를 만나느냐에 따라 우리 인생은 달라집니다."

우리의 미래는 만남에 의해 달라집니다. 중풍병자는 좋은 친구들을 만났습니다. 그를 사랑하고 도와주는 친구들을 만났습니다. 지붕을 뜯는 희생을 감수하면서까지 그를 도와주는 친구들을 만났습니다. 그리고 마침내 중풍병자는 예수님을 만났습니다.

"가장 소중한 만남은 예수님과의 만남입니다."
"예수님과의 만남은 우리를 영원토록 복되게 합니다."
"예수님과의 만남을 주선해 주는 사람은 가장 소중한 일을 하는 사람입니다."

예수님을 만남으로 그는 죄 용서를 받았습니다. 병 고침을 받았습니다. 중풍병자가 고침을 받았을 때 가장 기뻐한 사람은 누구일까요? 물론 병 고침을 받은 사람도 기뻤을 것입니다. 하지만 그보다 더 기뻐한 사람은 그의 친구들이었을 것입니다. 인간은 이기적인 존재인 동시에 이타적인 존재입니다. 다른 사람을 도와줄 때 큰 보람을 느끼고 삶의 의미를 갖게 됩니다. 큰 기쁨을 경험하게 됩니다.

끈질긴 믿음이 승리의 비밀입니다. 끈질긴 믿음은 사랑으로 연합하는 믿음입니다. 아무리 믿음이 강해도 사랑이 없으면 소용 없습니다. 사랑으로 역사하는 믿음이 참 믿음입니다. 끈질긴 믿음은 뒤로 물러서지 않는 믿음입니다. 조금 더 견디십시오. 조금 더 전진하십시오. 조금 더 문제 해결책을 찾으십시오. 끈질긴 믿음은 장애물을 극복하는 믿음입니다. 장애물은 극복하라고 주신 것입니다.

마가복음 2장의 주인공은 예수님입니다. 예수님만이 우리 죄를 용서하실 수 있습니다. 예수님만이 우리가 구하는 것보다 더 많은 것을 주실 수 있습니다. 예수님만이 우리가 원하는 것이 아니라 필요한 것을 주십니다. 예수님만이 문제의 근본을 해결해 주십니다. 우리 함께 예수님을 바라봅시다. 예수님께 나아갑시다. 예수님께 간구합시다. 예수님이 우리가 구하는 것과 생각하는 것보다 넘치도록 응답해 주실 것입니다. 끈질긴 믿음으로 승리하시길 빕니다.

8장
끈질긴 부르짖음

부르짖음 속에 믿음이 있다
(마가복음 10:46-52)

우리는 마가복음 10장에서 바디매오를 만납니다. 그는 시각장애인이자 거지입니다.

> 그들이 여리고에 이르렀더니 예수께서 제자들과 허다한 무리와 함께 여리고에서 나가실 때에 디매오의 아들인 맹인 거지 바디매오가 길가에 앉았다가 막 10:46

바디매오는 지금 길에 앉아서 구걸하고 있습니다. '바디매오'는 그의 이름이 아닙니다. 디매오의 아들이란 뜻입니다. '바'는 아들이고 '디매오'는 그의 아버지의 이름입니다. 예수님이 베드로를 향해 '바요나 시몬'이라고 부르셨는데(마 16:17), 이때 '바요나'는 요나의 아들이라는 뜻입니다. 그러니까 '바요나 시몬'은 '요나의 아들 시몬'이라는 뜻입니다. 바디매오는 그의 이름이 아니지만 여기서는 바디매오라고 부르겠습니다.

당시 시각장애인은 저주를 받았다고 생각했습니다. 바디매오는 시각장애인으로 태어난 것도 힘든데 거지입니다. 이중의 고난 속에 살고 있습니다. 인간적으로 보면 절망입니다. 그런데 바로 그 절망의 끝자락에서 희망이 시작됩니다. 우리는 고난의 역설에 눈이 열려야 합니다. 그래야 고난을 이길 수 있습니다. 고난을 낭비하지 않을 수 있습니다.

"절망의 끝자락에서 하나님의 희망이 시작됩니다."
"예수님을 만나면 절망은 끝나고 희망이 시작됩니다."
"예수님을 만나면 새로운 문이 열립니다."

바디매오가 길가에 앉았다가 나사렛 예수님이 지나가신다는 소식을 듣고 소리 질러 예수님을 부릅니다.

나사렛 예수시란 말을 듣고 소리 질러 이르되 다윗의 자손 예수여 나를 불쌍히 여기소서 하거늘 막 10:47

178

이것은 짧지만 가장 강력한 기도입니다. "예수여 나를 불쌍히 여기소서!" 하나님이 가장 기뻐하시는 기도 중 하나입니다. 소리 질러 예수님을 부르는 바디매오를 많은 사람이 꾸짖습니다. 그러나 바디매오는 더욱 크게 소리 질러 예수님을 찾습니다. "많은 사람이 꾸짖어 잠잠하라 하되 그가 더욱 크게 소리 질러 이르되 다윗의 자손이여 나를 불쌍히 여기소서 하는지라"(막 10:48). 이 말씀에서 저의 눈길을 끄는 것은 "더욱 크게 소리 질러 이르되"라는 말씀입니다.

바디매오는 끈질기게 부르짖었습니다. 예수님은 그의 끈질긴 부르짖음에 가던 길을 멈추셨습니다. 바디매오는 결국 끈질기게 부르짖음으로 눈을 뜨게 되었습니다. 우리는 이 이야기를 통해 하나님이 어떤 기도를 좋아하시는지를 배울 수 있습니다. 또한 바디매오를 통해 마음의 간절한 소원을 성취하는 비밀을 배우게 됩니다.

예수님을 아는 것이
최고의 복이다

예수님 당시 많은 시각장애인이 있었습니다. 뿐만 아니라 다른 장애를 가진 사람도 많았습니다. 하지만 그들의 병이 나을 것이라고 믿은 사람은 적었습니다. 그런데 바디매오는 예수님이 자신의 눈을 뜨게 해주실 것을 믿었습니다. 그런 까닭에 예수님을 향해 끈질기게 부르짖었습니다. 바디매오는 볼 수 없었으나 들을 수는 있었습니다. 바디매오는 듣는 귀를 통해 예수님의 소문을 들었습니다.

나사렛 예수시란 말을 듣고 소리 질러 이르되 다윗의 자손 예수여 나를 불쌍히 여기소서 하거늘 막 10:47

여기서 중요한 단어가 "듣고"라는 단어입니다. 듣는 자가 복이 있습니다. 성경은 듣는 것을 강조합니다.

그러므로 믿음은 들음에서 나며 들음은 그리스도의 말씀으로 말미암았느니라 롬 10:17

"말씀을 들을 때 믿음이 생깁니다."

"듣는 자는 살아나게 됩니다."

> 하나님의 아들의 음성을 들을 때가 오나니 곧 이때라 듣
> 는 자는 살아나리라 요 5:25하

"듣는 자는 깨달아 열매를 맺게 됩니다."

> 좋은 땅에 뿌려졌다는 것은 말씀을 듣고 깨닫는 자니 결
> 실하여 어떤 것은 백 배, 어떤 것은 육십 배, 어떤 것은 삼
> 십 배가 되느니라 하시더라 마 13:23

"들으면 영혼이 삽니다."

> 너희는 귀를 기울이고 내게로 나아와 들으라 그리하면 너
> 희의 영혼이 살리라 사 55:3상

들을 때 알게 됩니다. 바디매오는 예수님의 소문을 듣
고 예수님이 누구신지 알게 되었습니다. 예수님을 다윗의
자손이라고 두 번이나 반복해서 말합니다. "다윗의 자손

예수여 나를 불쌍히 여기소서"(막 10:47, 48). 다윗의 자손이라는 말은 예수님이 메시아라는 뜻입니다. 그 당시 유대인들은 예수님을 무시하고 경멸했습니다. 그런데 바디매오는 예수님을 다윗의 자손 즉 메시아, 구세주라고 불렀습니다. 바디매오는 예수님의 소문을 들었습니다. 예수님이 병을 고치고, 예수님이 시각장애인의 눈을 뜨게 했다는 소문을 들었습니다. 죽은 자가 살아났다는 소문도 들었습니다. 그는 예수님의 소식을 듣고 알았습니다. 그 소식을 듣고 예수님을 만나기를 간절히 바랐습니다.

"예수님을 동경하는 것이 축복입니다."

바디매오는 길가에서 구걸하던 중에 드디어 그토록 동경하던 예수님을 만나게 되었습니다. 우리는 한 가지가 나쁘면 모든 것이 나쁘다는 생각에 빠질 때가 있습니다. 잃어버린 것, 아직 갖지 못한 것에 몰두하느라 자신이 소유한 것을 망각할 때가 있습니다. 자신이 소유한 것을 잘 사용하지 못할 때가 있습니다. 비록 바디매오가 볼 수 없었지만, 그는 귀를 사용해서 인생의 전기를 마련했습니다.

예수님은 끈질기게
부르짖는 사람을 찾으신다

바디매오가 소리 질러 예수님을 불렀을 때 주위 사람들이 꾸짖었습니다. 하지만 사람들이 꾸짖는 소리를 듣고도 그는 더욱 소리 질러 예수님을 불렀습니다. 그것은 간구였습니다. 그것은 절규였습니다. "많은 사람이 꾸짖어 잠잠하라 하되 그가 더욱 크게 소리 질러 이르되 다윗의 자손이여 나를 불쌍히 여기소서 하는지라"(막 10:48).

예수님은 더욱 크게 절규하는 소리를 들으시고 가던 길을 멈추고는 "그를 부르라" 하셨습니다. "예수께서 머물러 서서 그를 부르라 하시니 그들이 그 맹인을 부르며 이르되 안심하고 일어나라 그가 너를 부르신다 하매"(막 10:49).

예수님께 나아오는 기회가 최상의 기회다

바디매오는 예수님이 부르신다는 말을 듣고 겉옷을 버리고 예수님께 달려왔습니다. "맹인이 겉옷을 내버리고 뛰어 일어나 예수께 나아오거늘"(막 10:50). 바디매오가 겉옷을 버리는 순간, 그의 불행한 과거는 끝났습니다. 그는 겉옷과 함께 그의 불행한 과거를 벗어 버렸습니다. 시각장애인이라는 자아상을 벗어 버렸습니다. 그의 고난도 벗어 버렸습니다. 그는 뛰어 일어나 예수님께 나아갔습니다. 그는 자기 인생에 찾아온 절호의 기회를 붙잡을 줄 알았습니다.

"기회가 찾아왔을 때 기회를 붙잡는 것이 지혜입니다."
"어떤 기회는 한 번 지나가면 다시 오지 않을 수 있습니다."
"기회는 준비된 사람만이 붙잡을 수 있습니다."

바디매오는 기회를 알아보았습니다. 그에게 찾아온 기회를 붙잡을 만큼 준비되어 있었습니다. 예수님께 가까이 나아가는 것이 축복입니다. 예수님을 만나는 것이 최고의 축복입니다.

기도란 예수님께 나아가는 것입니다. 예수님이 곧 은혜의 보좌가 되십니다. 예수님께 나아가면 긍휼하심을 받게 됩니다. 바디매오는 예수님께 긍휼히 여겨 달라 부르짖었습니다. "예수여 나를 불쌍히 여기소서!" 우리가 하나님께 나아가는 이유는 긍휼을 얻기 위해서입니다. 하나님이 불쌍히 여기시면 인생 문제는 해결됩니다.

> 그러므로 우리는 긍휼하심을 받고 때를 따라 돕는 은혜를
> 얻기 위하여 은혜의 보좌 앞에 담대히 나아갈 것이니라
> 히 4:16

하나님 앞에 나아갈 때 우리가 구할 것은 긍휼입니다. 긍휼을 구하는 사람은 지혜롭습니다.

예수님은 우리가 끈질기게 부르짖을 때 만나 주신다

바디매오에게 배우는 것은 끈질김입니다. 끈질긴 부르짖음입니다. 끈질긴 기도입니다. 우리는 기도하다가 너무 쉽게 포기합니다. 너무 쉽게 낙심합니다. 하나님은 우리가 끈질기게 기도하길 원하십니다. 끈질기게 부르짖기를 원하십니다. 예수님은 끈질기게 부르짖는 바디매오를 만나 주셨습니다. 하나님은 부르짖는 기도에 응답하십니다.

하나님은 기도하는 사람에게 남이 알지 못하는 크고 은밀한 일을 보여 주십니다.

부르짖어 기도할 때 크고 은밀한 일을 보여 주십니다. "너는

내게 부르짖으라 내가 네게 응답하겠고 네가 알지 못하는 크고 은밀한 일을 네게 보이리라 (렘 33:3).

부르짖어 기도할 때 우리를 만나 주십니다. "너희가 내게 부르짖으며 내게 와서 기도하면 내가 너희들의 기도를 들을 것이요 너희가 온 마음으로 나를 구하면 나를 찾을 것이요 나를 만나리라"(렘 29:12-13). 하나님을 만나면 모든 문제는 해결됩니다.

부르짖어 기도할 때 모든 환난에서 건져 주십니다. "이 곤고한 자가 부르짖으매 여호와께서 들으시고 그의 모든 환난에서 구원하셨도다"(시 34:6). 환난 때문에 곤고한 사람은 끈질기게 부르짖어 기도하십시오. 하나님이 모든 환난에서 건져 주십니다.

부르짖어 기도할 때 넓은 곳에 세워 주십니다. "내가 고통 중에 여호와께 부르짖었더니 여호와께서 응답하시고 나를 넓은 곳에 세우셨도다"(시 118:5). 고통 중에 있습니까? 하나님께 부르짖어 기도하십시오. 고통의 문제를 해결해 주실 뿐 아니라 넓은 곳에 세워 주십니다.

부르짖어 기도할 때 병을 고쳐 주십니다. "여호와 내 하나님이여 내가 주께 부르짖으매 나를 고치셨나이다"(시 30:2). 히스기야는 기도하는 중에 15년의 생명을 연장받았습니다. 그는 간절히 기도했습니다. 애절하게 기도했습니다. 통곡하며 기도했습니다. 끈질기게 부르짖어 기도했습니다. "히스기야가 얼굴을 벽으로 향하고 여호와께 기도하여 이르되 여호와여 구하오니 내가 주 앞에서 진실과 전심으로 행하며 주의 목전에서 선하게 행한 것을 기억하옵소서 하고 히스기야가 심히 통곡하니"(사 38:2-3).

부르짖어 기도할 때 원한을 풀어 주십니다. "하물며 하나님께서 그 밤낮 부르짖는 택하신 자들의 원한을 풀어 주지 아니하시겠느냐 그들에게 오래 참으시겠느냐 내가 너희에게 이르노니 속히 그 원한을 풀어 주시리라"(눅 18:7-8상).

부르짖는 기도가 왜 하나님의 보좌를 움직일까요? 그것은 부르짖는 기도 속에 담긴 간절함 때문입니다.

"간절함이 없는 기도는 기도가 아니다. 우리 기도에 불이 붙지 않고서는 소멸하는 불이신 하나님과 대화할 수 없다"(찰스 스펄전).

"간절함은 기도의 정수에 해당한다. 열정은 기도의 원동
력이다"(E. M. 바운즈).

바디매오는 간절했습니다. 그는 예수님이 부르신다
는 말을 듣고 주저하지 않았습니다. 그는 겉옷을 벗어 던
지고는 벌떡 일어나 예수님께 나아왔습니다. "그는 자기
의 겉옷을 벗어 던지고, 벌떡 일어나서 예수께로 왔다"(막
10:50, 새번역). 영화 같은 장면입니다. 길가에서 구걸하던
시각장애인이 겉옷을 벗어 던졌습니다. 벌떡 일어나 예수
님께 나아갔습니다.

예수님은 우리의 소원을 따라 역사하신다

예수님이 바디매오에게 무엇을 원하느냐고 물으십니
다. 그러자 바디매오는 보기 원한다고 대답합니다.

예수께서 말씀하여 이르시되 네게 무엇을 하여 주기를
원하느냐 맹인이 이르되 선생님이여 보기를 원하나이다
막 10:51

"하나님은 우리의 소원에 관심이 많으십니다."
"하나님은 우리 안에 소원을 두고 행하십니다."

너희 안에서 행하시는 이는 하나님이시니 자기의 기쁘
신 뜻을 위하여 너희에게 소원을 두고 행하게 하시나니
빌 2:13

"하나님은 마음의 소원을 이루어 주길 원하십니다."

또 여호와를 기뻐하라 그가 네 마음의 소원을 네게 이루
어 주시리로다 시 37:4

바디매오의 대답이 정말 놀랍습니다. "선생님이여 보기
를 원하나이다"(막 10:51하). 그는 태어나서 한 번도 본 적이
없습니다. 그는 흑암 속에 살았고 예수님께 나아갈 때도
흑암 중에 있었습니다. 그는 어두움 속에서 부르짖었습니

다. 그는 보는 것이 무엇인지도 잘 모르는 사람입니다. 다만 들어서 알 뿐입니다. 바디매오는 큰 것을 구했습니다. 가장 필요한 것을 구했습니다. 담대히 구했습니다.

"우리 소원 속에 우리 믿음이 담겨 있습니다."

바디매오는 큰 믿음을 가진 자였습니다. 예수님이 그의 믿음을 보시고 그의 눈을 열어 주십니다. 그를 구원해 주십니다.

예수께서 이르시되 가라 네 믿음이 너를 구원하였느니라 하시니 그가 곧 보게 되어 예수를 길에서 따르니라

막 10:52

예수님이 보신 것은 바디매오의 믿음이었습니다. 그는 가난한 사람이었습니다. 아니 거지였습니다. 하지만 그의 믿음은 부유했습니다. 그에게는 예수님을 찾는 믿음이 있었습니다. 그는 예수님이 그의 눈을 뜨게 해주실 것을 믿었습니다. 그는 부르짖어 기도할 줄 아는 믿음의 소유자였습니다. 그는 그의 소원이 성취될 것을 믿었습니다. 왜

소원이 중요할까요? 왜 하나님이 우리의 소원을 이루어 주겠다고 말씀하시는 것일까요?

"소원은 우리의 사명과 관련되어 있습니다."

저의 소원은 하나님의 부르심과 관련되어 있습니다. 저는 주님이 맡기신 교회가 부흥되기를 늘 소원합니다. 또한 하나님은 저를 목회자를 섬기는 목회자로 부르셨습니다. 그래서 저는 목회자들을 섬기는 일에 대한 소원을 가지고 살아갑니다.

"소원은 우리의 소망입니다."
"소원은 우리 삶의 목표입니다."
"소원은 우리가 살아야 할 이유입니다."
"소원은 무엇인가를 얻고, 무엇인가를 성취하는 것과 관련되어 있습니다."
"소원은 누군가를 닮는 것과 관련되어 있습니다."
"우리의 궁극적인 소원은 예수님을 닮아 가는 것입니다."
"소원은 거대한 에너지입니다."

소원이 없는 사람은 없습니다. 누구나 마음 깊은 곳에 소원이 있습니다. 마음 깊은 곳에 있는 갈망이 소원입니다.

"소원은 우리의 기도 제목입니다."

바디매오는 소원을 품고 살았습니다. 그리고 그 소원을 이루었습니다. 그는 사람들이 감히 상상할 수 없는 소원을 품었습니다. 그는 자포자기하는 삶을 거부했습니다. 숙명론을 거부했습니다. 그는 예수님을 만나면 눈을 뜰 수 있다고 믿었습니다. 그의 인생도 변화될 수 있다고 믿었습니다. 그는 자기 고난을 낭비하지 않았습니다. 그는 고난을 통해 예수님을 만났습니다. 고난을 통해 하나님께 영광을 돌렸습니다. 그의 가난이 그의 믿음을 부유케 만들었습니다.

예수님은 길가에서
놀라운 일을 이루신다

바디매오는 길가에 앉아 있다가 예수님을 만났습니다. "디매오의 아들인 맹인 거지 바디매오가 길가에 앉았다가"(막 10:46). 그는 길가에서 예수님을 만나는 기회를 붙잡았습니다. 길가에서 기적을 경험했습니다.

길가는 우리의 일상을 의미합니다. 우리가 매일의 삶에 충실할 때 어느 날 기회가 찾아옵니다. 일상을 소홀히 하면 안 됩니다. 매일의 삶을 성실하게 살아가는 것이 중요합니다. 일상의 삶을 소중히 여기면서 귀를 기울여야 합니다. 하나님이 어떻게 일하시는지를 관찰해야 합니다. 다만 우리가 할 일은 준비하며 기다리는 것입니다.

기적을 경험한 후에 예수님을
따라가는 것이 축복이다

바디매오는 눈을 뜬 다음에 예수님을 따라갔습니다. "그가 곧 보게 되어 예수를 길에서 따르니라"(막 10:52하).

바디매오가 눈을 뜬 뒤 처음 본 것이 예수님이었습니다. 그는 길에서 예수님을 만나 예수님을 따랐습니다. 바디매오는 충성된 사람입니다. 그의 눈을 열어 주신 예수님께 충성된 삶을 살았습니다.

예수님을 만나서 병 고침을 받은 사람은 수없이 많았습니다. 기적을 경험한 사람도 수없이 많았습니다. 하지만 예수님을 따라간 사람은 많지 않았습니다.

기적을 경험했다고 다 하나님을 믿는 것이 아닙니다. 광야에서 이스라엘 백성은 날마다 기적을 경험했습니다. 하지만 그들은 하나님을 신뢰하지 않고 오히려 원망했습니다. 하나님을 신뢰한 사람은 모세와 여호수아, 갈렙 등 소수에 불과했습니다. 예수님의 제자들도 예수님 곁에서 수많은 기적을 경험했습니다. 하지만 가룟 유다는 예수님을 은 30에 팔았습니다. 그래서 기적을 경험한 후가 더 중요합니다.

하나님은 끈질기게 부르짖는 기도에 귀를 기울이십니다. 기도하다가 쉽게 물러서지 마십시오. 끈질기게 부르짖어 기도하십시오. 바디매오처럼 기다리십시오. 기다리면 길이 열립니다. 기회가 찾아옵니다. 그때는 하나님이 정하십니다. 우리가 할 일은 기도하며 기다리는 것입니다. 예수님이 바디매오를 찾아오신 것처럼 때가 되면 반드시 우리 기도에 응답해 주실 것입니다. 소원을 품고 기도하십시오.

숙명론에 빠지지 마십시오. 하나님은 불가능을 가능케 하십니다. 고난을 통해 기적을 베풀어 주십니다. 고난 중에도 낙심하지 맙시다. 바디매오가 겉옷을 집어던지듯이 우리 과거를 벗어 버립시다. 그리고 담대히 하나님께 나아갑시다. 담대히 미래를 향해 전진합시다.

큰 소원을 품고 부르짖어 기도하십시오. 하나님께는 불가능이 없습니다. 바디매오처럼 끈질기게 부르짖어 기도하는 분들 위에 하나님의 큰 은혜가 함께하시길 빕니다.

그는 겉옷과 함께
그의 불행한 과거를 벗어 버렸습니다.
시각장애인이라는
자아상을 벗어 버렸습니다.
그의 고난도 벗어 버렸습니다.
그는 뛰어 일어나 예수님께 나아갔습니다.
그는 자기 인생에 찾아온
절호의 기회를 붙잡을 줄 알았습니다.

9장
끈질긴 간청

하나님에게서 물러서지 않는 기도자

(마태복음 15:21-28)

사랑하는 사람 때문에 마음 아파하는 것이 인간입니다. 마태복음 15장에 나오는 가나안 여인은 사랑하는 딸 때문에 가슴 아파합니다. 자신 때문이 아니라 사랑하는 딸 때문입니다. 이 여인의 딸이 흉악하게 귀신 들렸습니다. 여인은 사랑하는 딸에게 찾아온 시련 때문에 예수님을 찾아가서 소리를 질러 기도하고 있습니다.

우리는 사랑하는 사람 때문에 마음이 가장 아픕니다. 사랑하기 때문입니다. 사랑은 좋은 것입니다. 하지만 사랑 때문에 가슴 아프고 상처받기도 합니다. 예수님이 가나안 여인을 만난 것은 두로와 시돈 지방에 들어가셨을 때입니다.

> 예수께서 거기서 나가사 두로와 시돈 지방으로 들어가시
> 니 마 15:21

두로와 시돈은 이방 땅입니다. 예수님이 당시 이방 땅에 들어가 거기서 가나안 여인을 만납니다. 예수님은 이 여인을 만나기 위해 두로와 시돈 지방을 방문했는지도 모릅니다. 예수님에게 우연은 없습니다. 예수님이 가는 길에는 하나님의 섭리가 함께합니다. 예수님이 가는 길에는 섭리적 만남이 함께합니다. 예수님이 두로와 시돈 지방에 들어가셨을 때 가나안 여인이 찾아와서 소리를 지르면서 딸을 고쳐 달라고 간청합니다.

> 가나안 여자 하나가 그 지경에서 나와서 소리 질러 이르
> 되 주 다윗의 자손이여 나를 불쌍히 여기소서 내 딸이 흉
> 악하게 귀신 들렸나이다 하되 마 15:22

놀라운 사실은 이 여인이 예수님을 향해 부른 호칭에 있습니다. "주 다윗의 자손이여." 이 호칭은 예수님이 주님이라는 뜻입니다. 모든 만물을 소유하고 주관하시는 주님이라는 뜻입니다. 예수님이 다윗의 자손으로 오신 메시

아라는 뜻입니다. 가나안 여인이지만 예수님에 대한 지식
이 이스라엘 백성보다 탁월합니다.

예수님을 아는 사람은 끈질긴 간청기도를 드린다

예수님을 아는 지식이 가장 소중합니다. 예수님이 누
구인지를 아는 것은 우리가 누구인지를 아는 것보다 중요
합니다. 가나안 여인은 예수님이 메시아임을 알았습니다.
예수님이 자신의 딸을 괴롭히는 흉악한 귀신을 쫓아내실
수 있는 분임을 믿었습니다. 예수님은 귀신을 쫓아내는
권세와 능력을 소유한 분입니다. 이 여인은 그녀가 직면
한 문제를 해결해 줄 수 있는 분을 알았습니다. 그분은 예
수님입니다. 가나안 여인은 지혜로운 여인입니다.

"지혜란 문제가 생겼을 때 그 문제를 인정하는 것입
니다."
"지혜란 문제를 해결해 줄 수 있는 분을 아는 것입니다."
"지혜란 문제를 해결해 줄 수 있는 분을 찾아가는 것입

니다."

"지혜란 문제를 해결해 줄 수 있는 분을 찾아가서 기도하는 것입니다."

가나안 여인의 기도는 간절합니다. 애절합니다. "가나안 여자 하나가 그 지경에서 나와서 소리 질러 이르되 주다윗의 자손이여 나를 불쌍히 여기소서 내 딸이 흉악하게 귀신 들렸나이다 하되"(마 15:22).

가나안 여인은 딸을 고치기 위해 소리 질러 간구합니다. 정말 사랑하는 사람을 위해서 기도하면 소리를 지르게 됩니다. 사람들을 의식하지 않게 됩니다. 오직 기도 응답을 위해 기도합니다. 이 여인에게는 믿음이 있습니다. 예수님을 만나면 자신에게 찾아온 역경을 극복할 수 있을 것이라는 믿음입니다.

믿음이란 무엇일까요? 믿음의 다른 표현은 기대입니다. 기도란 기대를 품고 간구하는 것을 의미합니다. 믿는다는 것은 기대한다는 것입니다. 가나안 여인은 예수님이 자신의 간구를 들어주실 것을 믿고 기대했습니다. 마크 배터슨(Mark Batterson)은 기대의 중요성을 다음과 같이 말합니다.

"우리의 가장 심각한 영적 단점 가운데 하나는 '낮은 기대'다. 하나님께 많은 것을 바라지 않아서 시시한 것만 구하는 사람이 너무도 많다. 기도 생활의 엔진에서 불을 뿜으면 하나님이 뭐든 해주실 수 있다고 믿게 된다. 하지만 기도 생활에 슬럼프가 오면 작은 것 하나조차도 믿지 못하게 된다. 낮은 기대는 기도 없는 삶의 부산물이다. 하지만 밤낮으로 기도하면 크신 하나님께 걸맞은 거대한 기대를 품게 된다. …기도를 많이 할수록 기대 수치는 무한대로 올라간다."

(마크 배터슨,《극복》, 두란노, 188쪽)

가장 경계해야 할 것은 냉소주의입니다. 기도해도 소용없다는 냉소주의입니다. 믿어도 소용없다는 냉소주의입니다. 간청 기도를 드려도 소용없다는 냉소주의입니다. 냉소주의를 물리쳐야 합니다. 가나안 여인은 기대를 붙잡을 줄 알았습니다.

"기대하는 사람에게 기회가 찾아옵니다."
"기대하는 사람만이 기회를 알아봅니다."

"기대하는 사람만이 기회를 붙잡을 수 있습니다."
"예수님을 붙잡는 것이 곧 기회를 붙잡는 것입니다."

마가복음에서는 가나안 여인이 예수님의 소문을 듣고 곧 와서 그 발아래에 엎드렸다고 말씀합니다. "이에 더러운 귀신 들린 어린 딸을 둔 한 여자가 예수의 소문을 듣고 곧 와서 그 발아래에 엎드리니"(막 7:25). 기회를 놓치지 않기 위해서는 순간을 포착할 줄 알아야 합니다. "예수의 소문을 듣고 곧 와서." 여인은 기회를 붙잡을 줄 아는 지혜로운 사람이었습니다. 어떤 기회는 자주 옵니다. 하지만 어떤 기회는 평생에 한두 번 옵니다. 그런 기회는 꼭 붙잡아야 합니다. 마크 배터슨은 기회를 포착하는 것의 중요성을 다음과 같이 말합니다.

"영어의 '기회(opportunity)'는 라틴어 어구 '오브 포르투(ob portu)'에서 왔다. 현대식 항구가 생기기 전에는 배가 밀물 때까지 기다렸다가 항구에 들어와야 했다. 라틴어 어구 '오브 포르투'는 '조류가 바뀌는 순간'을 의미한다. 그 옛날 선장과 선원들은 기회의 창구가 열리는 순간을 놓치지 않기 위해 정신을 바짝 차린 채 기다렸다. 그 순간을 놓치면 다음 밀물 때까지 한참을 기다려야 하기 때문이다."

(마크 배터슨, 《극복》, 두란노, 195쪽)

가나안 여인은 이 순간이 딸의 일생을 바꿀 수 있는 기회임을 알았습니다. 가나안 여인은 가장 소중한 기도를 먼저 드렸습니다. 가장 좋은 기도를 먼저 드렸습니다.

"나를 불쌍히 여기소서."

하나님 앞에 나아갈 때 하나님의 마음을 가장 크게 움직이는 기도는 긍휼을 구하는 기도입니다. 가나안 여인의 그다음 기도도 중요합니다. 바로 구체적으로 기도하는 것입니다. "내 딸이 흉악하게 귀신 들렸나이다." 우리는 기도할 때 구체적으로 기도해야 합니다. 구체적으로 기도할 때 구체적으로 응답받을 수 있습니다. 이 딸의 미래는 어머니의 믿음에 달려 있습니다. 이 딸의 미래는 어머니의 기도에 달려 있습니다. 모든 책임을 어머니가 질 수는 없습니다. 아버지가 질 수도 없습니다. 하지만 어머니의 기도와 아버지의 기도가 자녀의 일생에 커다란 영향을 끼칠 수 있습니다.

마태복음 17장에 보면 한 아버지가 귀신 들려 고통받는 아들을 고쳐 달라고 예수님께 간구합니다. "주여 내 아들을 불쌍히 여기소서 그가 간질로 심히 고생하여 자주 불에도 넘어지며 물에도 넘어지는지라"(마 17:15). 예수님은 아버지의 기도를 듣고 그 아들을 고쳐 주십니다. "이에 예수께서 꾸짖으시니 귀신이 나가고 아이가 그때부터 나으니라"(마 17:18).

여기서 우리는 거듭 부모의 기도가 얼마나 중요한가를 배울 수 있습니다. 우리 자녀들은 아직 어려서 믿음이 약할 수 있습니다. 기도하는 법을 모를 수 있습니다. 때로 귀신이 들리거나 병이 깊어서 아무것도 할 수 없는 처지에 놓일 수 있습니다. 그때 필요한 것은 어머니와 아버지의 기도입니다. 하나님은 기도를 통해 역사하십니다. 누군가의 기도를 통해 역사하십니다.

예수님은 거절을 극복한 끈질긴 간청기도를 좋아하신다

예수님은 거절을 통해 가나안 여인의 믿음을 시험하십니다. 그것도 세 번이나 거절하십니다. 처음에는 침묵하심으로 거절하십니다.

예수는 한 말씀도 대답하지 아니하시니 제자들이 와서 청하여 말하되 그 여자가 우리 뒤에서 소리를 지르오니 그를 보내소서 마 15:23

예수님이 침묵하셨을 때 여인은 더 크게 소리 높여 간청했습니다. 두 번째 거절은 예수님의 우선순위를 따른 것이었습니다. 먼저 이스라엘 백성을 위해 오셨다는 게 거절의 이유였습니다.

예수께서 대답하여 이르시되 나는 이스라엘 집의 잃어버린 양 외에는 다른 데로 보내심을 받지 아니하였노라 하시니 마 15:24

가나안 여인은 이번에도 물러서지 않습니다.

여자가 와서 예수께 절하며 이르되 주여 저를 도우소서 마 15:25

"나를 불쌍히 여기소서" "주여 저를 도우소서"는 모범이 되는 기도입니다.

우리가 기도하는 것은 하나님의 도움을 받기 위해서입니다. 우리는 하나님의 도움을 받아야 살 수 있습니다. 우리는 자존하는 존재가 아닙니다. 누군가의 도움을 받아야 합니다. 우리는 많은 사람들의 도움을 받고 살아갑니다. 하지만 가장 안전하고 가장 복된 도움은 하나님으로부터 옵니다.

> 하나님은 우리의 피난처시요 힘이시니 환난 중에 만날 큰 도움이시라 시 46:1

환난 날에 아무나 의지하면 안 됩니다. 잠언의 권고를 들으십시오.

> 환난 날에 진실하지 못한 자를 의뢰하는 것은 부러진 이와 위골된 발 같으니라 잠 25:19

이스라엘 백성이 성전을 향해 올라갈 때 불렀던 찬양을 들어 보십시오.

> 내가 산을 향하여 눈을 들리라 나의 도움이 어디서 올까

나의 도움은 천지를 지으신 여호와에게서로다 시 121:1-2

하나님을 도움으로 삼는 사람이 복 있는 사람입니다.

야곱의 하나님을 자기의 도움으로 삼으며 여호와 자기 하
나님에게 자기의 소망을 두는 자는 복이 있도다 시 146:5

당시 이스라엘 백성은 예수님께 도움을 요청하지 않았
습니다. 오히려 예수님을 배척했습니다. 무시했습니다. 조
롱했습니다. 하지만 가나안 여인은 예수님께 도움을 요청
했습니다. 예수님이 그녀를 도울 수 있다고 믿었습니다.
이 여인은 세 번째 거절에도 물러서지 않았습니다.

대답하여 이르시되 자녀의 떡을 취하여 개들에게 던짐이
마땅하지 아니하니라 마 15:26

예수님의 이 같은 거절에 대한 여인의 반응이 놀랍습
니다.

여자가 이르되 주여 옳소이다마는 개들도 제 주인의 상에

서 떨어지는 부스러기를 먹나이다 하니 마 15:27

거절에 잘 반응하는 것이 지혜입니다. 예수님이 가나안 여인의 반응을 보고 감탄하십니다.

이에 예수께서 대답하여 이르시되 여자여 네 믿음이 크도 다 네 소원대로 되리라 하시니 그때로부터 그의 딸이 나 으니라 마 15:28

여기서 우리가 거절에 대해 배우는 교훈이 있습니다.

"하나님의 침묵이 거절을 의미하는 것은 아닙니다."
"하나님의 일시적인 거절이 영원한 거절을 의미하지는 않습니다."
"거절은 포기하라는 것이 아니라 극복하라는 것입니다."
"거절은 포기하라는 것이 아니라 다른 방법으로 시도하라는 것입니다."
"거절은 포기하라는 것이 아니라 우리의 간절함을 시험하는 것입니다."

예수님이 가나안 여인의 간구에 침묵하거나 거절하신 이유는 이 여인을 시험하기 위해서입니다. 거절을 통해 우리가 통과해야 할 시험은 무엇일까요?

첫째, 하나님은 일시적인 거절을 통해 우리의 간절함을 시험하십니다.

거절이라는 장애물을 만났을 때 우리가 구하는 것을 얼마나 간절히 원하는지를 확인할 수 있습니다. 한두 번의 거절 앞에 포기했다면 그것은 우리가 간절히 원하는 것이 아닐 수 있습니다. 기도 응답의 비밀은 간절함에 있습니다.

둘째, 하나님은 일시적인 거절을 통해 우리의 반응을 시험하십니다.

인생에서 중요한 것은 반응입니다. 누구든 어떻게 단 한 번도 거절당하지 않고 살 수 있겠습니까? 우리는 많은 거절을 당하며 살아갑니다. 취업을 앞두고 면접에서 거절당합니다. 구혼할 때도 거절당할 수 있습니다. 그렇다면 정말 중요한 삶의 기술 중 하나가 거절에 잘 반응하는 것입니다. 거절은 좌절하라고 주신 것이 아닙니다. 잘 반응하라고 주신 것입니다. 잘 반응하면 거절은 얼마든지 극복할 수 있습니다.

거절을 잘 해석하십시오. 긍정적으로 해석하십시오. 거절당했다고 우리의 존재 자체가 거절된 것은 아닙니다. 저는 거절을 긍정적으로 해석하는 법을 배우기 위해 많은 대가를 지불해야 했습니다. 저도 처음에는 거절당할 때 슬펐습니다. 좌절했습니다. 포기하고 싶었습니다. 그러다 거절을 나쁘게만 보아서는 안 된다는 것을 깨닫게 되었습니다. 어떤 사람이 제 부탁을 거절했다고 해서 저를 거절한 것이 아님을 알게 되었습니다. 또한 거절하는 데는 이유가 있음을 알게 되었습니다. 때로는 거절하고 싶지 않지만 때가 맞지 않아 거절하는 것도 보았습니다. 적합한 때가 되면 거절은 철회되고, 다시 기회가 주어지는 것을 보았습니다.

가나안 여인은 거절 앞에 잘 반응했습니다. 일시적 거절을 영원한 거절이라고 해석하지 않았습니다. 예수님의 일시적 거절 앞에 더욱 지혜롭게 반응했습니다.

거절 앞에 얼굴을 붉히지 마십시오. 불쾌하게 반응하지 마십시오. 극단적으로 반응함으로써 관계의 다리를 끊어 버리지 않도록 하십시오. 거절당했지만 친절하게 반응하면 기회는 다시 찾아올 수 있습니다.

거절에 반응할 때 중요한 것은 말입니다. 말을 주고받는 중에 반응을 하게 마련입니다. 거절에 잘 반응하기 위해서는 경청을 잘해야 합니다. 가나안 여인은 예수님의 거절을 잘 들었습니다. 그리고 그 말씀 속에 담긴 진의를 파악하려고 노력했습니다. 짧은 시간이지만 이 여인의 귀는 열려 있었고, 예수님의 말씀에 담긴 진의를 잘 파악했습니다.

자녀의 떡을 취해 개들에게 주지 않는다는 예수님의 말씀을 열심히 들으면서 여인은 생각했습니다. 그리고 개들도 주인이 던져 주는 부스러기를 먹는다는 사실을 생각해 냈습니다. 예수님의 말씀 속에도 반격할 틈새가 있었습니다. 간절하면 그 틈새를 발견할 수 있습니다. 특별히 마가복음은 예수님의 말씀이 더욱 정확하게 나와 있습니다.

> 예수께서 이르시되 자녀로 먼저 배불리 먹게 할지니 자녀의 떡을 취하여 개들에게 던짐이 마땅치 아니하니라
>
> 막 7:27

여기서 중요한 단어는 '먼저'입니다. '먼저' 자녀를 먹

인 다음에 개들에게 던져 준다는 것입니다. 이 말씀은 개들에게 부스러기를 주지 않는다는 의미가 아닙니다. 우선순위를 말씀하신 것입니다. 주인이 먼저 먹고, 또한 주인의 자녀가 먼저 먹고, 그다음에 개들에게 남은 부스러기를 던져 준다는 것입니다.

여기서 가나안 여인은 소망을 얻습니다. 틈새를 발견한 것입니다. 예수님이 지금 거절하시는 것이 아니라 자신을 시험하고 있음을 알게 되었습니다. 여인은 예수님의 말씀에 일단 긍정합니다. 그리고 "부디 부스러기 은혜라도 주십시오"라고 겸손히 간구합니다.

셋째, 하나님은 일시적인 거절을 통해 우리의 믿음을 시험하십니다.

믿음은 무엇입니까? 믿음은 바라는 것들의 실상입니다. 그렇지만 우리가 믿는 것이 당장 실제가 되는 것은 아닙니다. 믿음과 실제 사이에 필요한 것은 인내입니다. 지속적으로 바라보는 믿음이 중요합니다. 어떤 상황에도 확신을 가지고 계속해서 바라보는 것이 중요합니다. 큰 믿음은 뒤로 물러서지 않는 것입니다.

나의 의인은 믿음으로 말미암아 살리라 또한 뒤로 물러
가면 내 마음이 그를 기뻐하지 아니하리라 하셨느니라
히 10:38

예수님이 침묵하신 것은 이 여인의 믿음을 시험하기 위
해서입니다. 이 여인은 뒤로 물러서지 않았습니다. 예수
님이 거절하신 것도 이 여인의 믿음을 시험하기 위해서
입니다. 이 여인은 거듭되는 거절에도 포기하지 않았습니
다. 여인의 믿음은 여인의 말에서 드러납니다. 예수님은
가나안 여인의 말을 듣고 믿음이 크다고 칭찬하셨습니다.

이에 예수께서 대답하여 이르시되 여자여 네 믿음이 크도
다 네 소원대로 되리라 하시니 그때로부터 그의 딸이 나
으니라 마 15:28

큰 믿음은 거절에 잘 반응하는 것입니다. 포기하지 않
는 것입니다. 응답받을 때까지 기도하는 것입니다. 큰 믿
음은 큰 기대를 품습니다. 큰 믿음은 큰 소원이 이루어질
것을 믿습니다. 큰 믿음은 크신 예수님이 큰 기적을 일으
켜 주실 것을 믿습니다. 큰 믿음은 거절을 극복합니다.

부스러기 은혜 속에
큰 은혜가 담겨 있다

하나님은 언제나 작은 것 속에 큰 잠재력을 담아 두셨습니다. 큰 가능성을 담아 두셨습니다. 가나안 여인이 구한 것은 부스러기 은혜입니다. 예수님은 부스러기 은혜를 통해 가나안 여인의 딸을 괴롭히던 귀신을 쫓아 주셨습니다.

> 예수께서 이르시되 이 말을 하였으니 돌아가라 귀신이 네 딸에게서 나갔느니라 하시매 여자가 집에 돌아가 본즉 아이가 침상에 누웠고 귀신이 나갔더라 막 7:29-30

부스러기 은혜를 받아 큰 은혜로 키우는 것이 지혜입니다. 어떻게 해야 부스러기 은혜를 받아 큰 은혜로 키울 수 있을까요?

첫째, 부스러기 은혜 속에 큰 은혜가 감추어져 있음을 믿으십시오.

하나님은 큰 은혜를 작은 것 속에 담아 두셨습니다. 사르밧 과부가 드린 작은 떡 속에 3년 6개월의 음식이 담겨 있었습니다. 작은 것을 크게 여길 줄 아는 사람은 지혜롭습니다. 작은 것을 하찮게 여기는 사람은 큰 은혜를 받을 수 없습니다.

둘째, 부스러기 은혜 속에 담긴 하나님의 기적을 믿으십시오.

가나안 여인은 부스러기 은혜만 받아도 딸이 나을 것을 믿었습니다. 흉악한 귀신에 들린 딸이 낫는다는 것은 하나님의 기적입니다. 인간의 노력으로 될 수 있는 일이 아닙니다. 오직 하나님의 기적으로만 가능합니다. 가나안 여인의 믿음은 큰 믿음이었습니다.

셋째, 부스러기 은혜에 감사할 때 큰 은혜가 임합니다.

감사가 중요합니다. 부스러기 은혜를 하찮게 여기며 불평하는 사람에게는 큰 은혜가 임할 수 없습니다. 작은 은혜를 소중히 여기고, 작은 은혜에 감사할 때 큰 은혜가 임합니다.

룻은 작은 은혜를 소중히 여길 줄 아는 여인이었습니다. 보아스가 룻을 처음 보았을 때 작은 은혜를 베풀어 주었습니다. 소년들이 길어 온 물을 마시게 한 것입니다. 그리고 소년들이 그녀에게 함부로 하지 못하게 보호해 주었습니다. "그들이 베는 밭을 보고 그들을 따르라 내가 그 소년들에게 명령하여 너를 건드리지 말라 하였느니라 목이 마르거든 그릇에 가서 소년들이 길어 온 것을 마실지니라 하는지라"(룻 2:9). 룻은 보아스가 베풀어 준 작은 은혜에 감사합니다. "룻이 엎드려 얼굴을 땅에 대고 절하며 그에게 이르되 나는 이방 여인이거늘 당신이 어찌하여 내게 은혜를 베푸시며 나를 돌보시나이까 하니"(룻 2:10). 룻은 작은 은혜에 감사했습니다. 그 결과 더 큰 은혜를 받게 되었습니다. 보아스와 결혼해서 오벳을 낳았습니다.

예수님을 알면 끈질긴 간청기도를 드리게 됩니다. 예수님은 끈질긴 간청기도를 좋아하십니다. 끈질긴 간청기도, 거절을 극복하는 끈질김, 부스러기를 소중히 여기는 지혜, 결코 물러서지 않는 끈질긴 믿음을 통해 놀라운 은혜와 축복을 받으시길 빕니다.

믿음과 실제 사이에 필요한 것은 인내입니다

뒤로 물러서지 않는 것입니다

10장
끈질긴 사명 완수

영원한 것만 영원히 남는다

(사도행전 20:22-25)

하나님은 우리 각자에게 사명을 맡기셨습니다. 우리는 각자 자기의 사명을 발견해야 합니다. 사명을 깨달아야 사명을 완수할 수 있습니다. 우리에게 끈질김이 필요한 것은 사명 완수 때문입니다. 사도 바울은 자신의 사명을 알았습니다.

> 내가 달려갈 길과 주 예수께 받은 사명 곧 하나님의 은혜의 복음을 증언하는 일을 마치려 함에는 나의 생명조차 조금도 귀한 것으로 여기지 아니하노라 행 20:24

바울은 예수님께 받은 사명이 무엇인지 알았습니다. 하나님의 은혜의 복음을 증언하는 일이 그의 사명이었습니다. 사명을 아는 것도 중요하지만 더 중요한 것이 있습니다. 그것은 사명을 완수하는 것입니다.

하나님은 우리가 사명을 따라 살기를 원하신다

사명과 소명은 흔히 같이 쓰입니다. 소명이란 부르심을 의미합니다. 아브라함은 하나님의 부르심을 받았습니다. 우리도 아브라함과 함께 하나님의 부르심을 받은 사람입니다. 우리는 하나님의 부르심을 받았다는 사실을 깨달아야 합니다. 부르심에 대해 자각하는 것이 복입니다.

하나님의 부르심 속에는 하나님의 선택의 은혜가 담겨 있습니다. 하나님은 수많은 사람들 가운데서 아브라함을 선택하셨습니다. 하나님은 수많은 사람들 가운데서 우리를 부르셨습니다. 하나님은 우리를 부르시고 후회하지 않으십니다.

> 하나님의 은사와 부르심에는 후회하심이 없느니라
>
> 롬 11:29

우리는 하나님의 부르심을 받았다는 확신 속에 살아야 합니다. "그러므로 형제들아 더욱 힘써 너희 부르심과 택하심을 굳게 하라 너희가 이것을 행한즉 언제든지 실족하지 아니하리라"(벧후 1:10). 부르심과 택하심에 대한 확신이 우리를 견고하게 합니다. 파커 파머(Parker J. Palmer)는 하나님의 부르심에 귀를 기울여야 한다고 강조합니다.

> "소명의 참된 의미는 'vocation'이라는 단어 안에 숨겨져 있습니다. 소명이라는 단어의 어원은 라틴어로 '목소리(voice)'입니다. …소명은 우리가 들어야 할 내면의 부름의 소리입니다. 내면에서 들리는 하나님의 부름의 소리입니다."
>
> (파커 J. 파머, 《삶이 내게 말을 걸어올 때》, 한문화, 24쪽)

하나님의 부르심을 소명이라고 한다면 하나님의 보내심은 사명입니다.

> "사명이란 하나님이 우리를 이 땅에 보내신 이유입니다."
> "사명이란 우리가 살아가야 할 목적입니다."

인간은 목적 지향적으로 살 때 가장 보람 있습니다. 가장 의미 있습니다. 가장 행복합니다. 릭 워렌(Rick Warren) 목사는 이 사실을 다음과 같이 말합니다.

"목적이 있고 초점이 맞춰진 삶만큼 강력한 것은 없다. 성령의 능력을 힘입어 하나님의 손에서 받은 목적이 이끄는 삶을 살 때, 하나님의 선한 뜻을 능력 있게 감당할 수 있는 것이다. 역사에서 가장 큰 변화를 만들어 낸 사람들은 가장 뚜렷한 목적을 가지고 산 사람들이었다. 예를 들어, 사도 바울은 거의 빈손으로 로마 제국에 기독교를 전파시켰다. 그의 비밀은 초점이 맞춰진 삶이었다."

(릭 워렌,《목적이 이끄는 삶》, 디모데. 42쪽)

우리는 언제, 어떻게 사명을 발견할 수 있을까요?

예수님을 만날 때
사명을 발견한다

바울은 다메섹 도상에서 예수님을 만났을 때 자신의 사

명을 발견했습니다. 사람은 스스로 자신의 사명을 발견할 수 없습니다. 만남을 통해 사명을 발견하게 됩니다. 예수님과의 만남, 하나님이 예비하신 특별한 만남을 통해 사명을 발견하게 됩니다. 바울이 예수님을 만났을 때 주님은 아나니아를 통해 그의 사명을 알려 주셨습니다.

> 주께서 이르시되 가라 이 사람은 내 이름을 이방인과 임금들과 이스라엘 자손들에게 전하기 위하여 택한 나의 그릇이라 그가 내 이름을 위하여 얼마나 고난을 받아야 할 것을 내가 그에게 보이리라 하시니 행 9:15-16

바울은 예수님의 이름을 증거하기 위해 택함을 받았습니다. 예수님의 이름을 증거한다는 것은 예수님의 복음을 증거한다는 의미입니다. 특별히 그는 이스라엘 자손뿐 아니라 이방인들에게 복음을 증거하도록 부름을 받았습니다. 이방인의 사도로 부름을 받은 것입니다.

사명이란 우리를 향하신 하나님의 계획을 의미합니다. 하나님은 우리를 사랑하십니다. 또한 우리 각 사람을 위한 놀라운 계획을 가지고 계십니다. 그 계획은 우리가 하나님을 만날 때 비로소 알게 됩니다.

하나님은 바울을 사랑하셨습니다. 바울을 향한 놀라운 계획을 가지고 계셨습니다. 하지만 바울은 예수님을 만나기 전까지 그 계획을 깨닫지 못했습니다. 오히려 예수 믿는 사람들을 핍박하고 박해했습니다. 예수님은 바울을 사랑하셔서 다메섹 도상에서 그를 만나 주셨습니다. 이후로 바울의 삶이 완전히 바뀌었습니다. 예수님을 핍박하던 사람에서 예수님을 증거하고 변호하는 사람으로 변화되었습니다.

예수님을 만난 사람의 일차적 사명은 예수님을 위해 사는 것이다

오스 기니스(Os Guinness)는 "그리스도를 따르는 자로서 일차적인 소명은 그분에 의한, 그분을 향한, 그분을 위한 것이다"라고 말했습니다. 바울이 예수님을 만난 후로 그는 예수님을 위해 살았습니다. "이는 내게 사는 것이 그리스도니 죽는 것도 유익함이라"(빌 1:21). 바울이 사는 이유는 그리스도입니다. 바울이 그리스도를 위해 산 이유는 그가 복음을 받고 복음을 깨달았기 때문입니다. 바울은 은혜의 복음을 증거하는 것을 그의 사명으로 알았습니다. "…주 예수께 받은 사명 곧 하나님의 은혜의 복음을 증언하는 일을 마치려 함에는…"(행 20:24).

첫째, 은혜의 복음 속에는 선택받은 은혜가 담겨 있습니다.

앞에서 말씀드린 것처럼 하나님의 부르심 속에 선택의 은혜가 담겨 있습니다. 바울은 그가 선택받았다는 사실을 늘 의식하며 살았습니다.

> 예수 그리스도의 종 바울은 사도로 부르심을 받아 하나님의 복음을 위하여 택정함을 입었으니 롬 1:1

> 곧 창세 전에 그리스도 안에서 우리를 택하사 우리로 사랑 안에서 그 앞에 거룩하고 흠이 없게 하시려고 엡 1:4

선택받은 것이 은혜입니다. 하나님의 선택을 받았다는 것은 영광스러운 일입니다. 복된 일입니다. 기쁜 일입니다.

둘째, 은혜의 복음 속에는 용서의 은혜가 담겨 있습니다.

바울은 예수님을 믿기 전의 삶에 대해 이렇게 고백합니다.

> 내가 전에는 비방자요 박해자요 폭행자였으나 도리어 긍휼을 입은 것은 내가 믿지 아니할 때에 알지 못하고 행하였음이라 딤전 1:13

예수님은 그를 은혜로 구원하셨습니다. 은혜로 용서하셨습니다.

> 우리 주의 은혜가 그리스도 예수 안에 있는 믿음과 사랑과 함께 넘치도록 풍성하였도다 미쁘다 모든 사람이 받을 만한 이 말이여 그리스도 예수께서 죄인을 구원하시려고 세상에 임하셨다 하였도다 죄인 중에 내가 괴수니라 딤전 1:14-15

> 우리는 그리스도 안에서 그의 은혜의 풍성함을 따라 그의 피로 말미암아 속량 곧 죄 사함을 받았느니라 엡 1:7

하나님은 예수님의 피를 통해 우리 죄를 모두 용서하셨습니다.

셋째, 은혜의 복음 속에는 일꾼으로 부름 받은 은혜가 담겨 있습니다.

바울은 용서받은 은혜에 감사했을 뿐 아니라 일꾼으로 불러 주신 것에도 늘 감사했습니다.

> 나를 능하게 하신 그리스도 예수 우리 주께 내가 감사함은 나를 충성되이 여겨 내게 직분을 맡기심이니 딤전 1:12

> 이 복음을 위하여 그의 능력이 역사하시는 대로 내게 주신 하나님의 은혜의 선물을 따라 내가 일꾼이 되었노라 엡 3:7

사명은 우리의 재능과 교육 그리고 경험과 관련되어 있다

우리의 사명은 우리의 삶과 관련되어 있습니다. 또한

우리가 하는 일과 관련되어 있습니다. 오스 기니스는 그것을 이차적인 소명이라고 말합니다. 하나님이 우리에게 맡기신 사명은 우리의 재능과 관계되어 있습니다.

하나님은 우리 각자에게 놀라운 재능을 주셨습니다. 재능은 잘하는 것입니다. 잘 배우는 것입니다. 재능은 어떤 일을 할 때 기쁜 것입니다. 재능은 존재의 의미를 발견하는 것입니다. 재능은 우리가 잘 배우고 계속 배우는 것입니다. 재능은 봉사와 관련되어 있습니다. 다른 사람을 섬기는 것과 관련되어 있습니다. 재능을 발견해야 하는 이유는 남을 섬기기 위해서입니다. 재능은 우리 자신을 위해 하나님이 주신 것이 아닙니다. 다른 사람을 섬기라고 주신 것입니다.

"어디서 봉사를 해보기 전에는 그 재능을 발견하려고 하지 말라. 해보지 않고는 무엇을 잘하는지 알 수가 없다"(릭 워렌).

사명은 우리가 받은 교육이나 경험과 관련되어 있습니다. 하나님은 우리가 받은 교육과 경험을 낭비하지 않으십니다. 사도 바울은 가말리엘 문하생이었습니다. 또한 천막 짓는 일을 했습니다. 예수님은 목수였습니다. 제자들은 고기 잡는 어부였습니다. 그 일들이 나중에 궁극적인 사명을 완수하는 일에 연결되고 쓰임 받는 것을 봅니다.

사명은 축복과 고난과 관련되어 있다

우리는 하나님이 주신 축복을 통해 사명을 완수해야 합니다. 하나님은 아브라함을 축복하면서 축복의 통로가 되라고 말씀하셨습니다. 하나님이 우리에게 주신 축복은 사명과 관련되어 있습니다. 축복을 받았다면 그 축복이 우리에게만 머물러 있어서는 안 됩니다. 축복은 흘려보내야 더욱 풍성해집니다.

또한 우리가 경험한 고난을 통해 사명을 완수해야 합니다. 우리가 경험한 고난을 통해 고난 중에 있는 사람들을 위로하게 하십니다. 상처를 통해 상처 입은 자들을 치료하게 하십니다. 그들을 섬기게 하십니다.

"가장 효과적인 사역은 우리의 가장 깊은 상처에서 나온다"(릭 워렌).

하나님은 우리가 사명을 끝까지 완수하길 원하신다

> 내가 달려갈 길과 주 예수께 받은 사명 곧 하나님의 은혜의 복음을 증언하는 일을 마치려 함에는 나의 생명조차 조금도 귀한 것으로 여기지 아니하노라 행 20:24

사명에 초점을 맞출 때 사명을 완수할 수 있다

인생은 초점 맞추기입니다. 어디에 초점을 맞추느냐에 따라 인생이 결정됩니다. 초점은 관심입니다. 우리가 어디에 관심을 두느냐가 우리 미래를 결정합니다. 그런 까닭에 초점을 잘 맞추는 것이 중요합니다. 바울은 달려갈 길을 정했습니다. "내가 달려갈 길"(행 20:24). 여기서 "달려갈 길"은 사명입니다. 바울은 사명에 초점을 맞추었습니다. 누구든지 모든 길을 향해 달려갈 수는 없습니다. 한 길을 정해야 합니다. 곧 초점을 맞추는 삶을 살아야 합니다.

달려갈 길, 그 길이 바로 우리 삶의 목적입니다.

"목적이 없는 사람은 키 없는 배와 같다. 한낱 떠돌이요, 아무것도 아닌, 인간이라 부를 수 없는 사람이다"(토마스 칼라일).

달려갈 길을 정하기 위해서는 가지치기를 잘해야 합니다. 모든 것을 이루려고 하지 마십시오. 한 길을 향해 꾸준히 달려가십시오. 바울은 그의 생애 마지막에 영의 아들 디모데에게 그가 달려갈 길을 마쳤다고 말합니다.

나는 선한 싸움을 싸우고 나의 달려갈 길을 마치고 믿음을 지켰으니 딤후 4:7

성령 충만할 때 사명을 완수할 수 있다

바울은 사명 완수를 이야기하면서 성령님을 거듭 언급합니다.

보라 이제 나는 성령에 매여 예루살렘으로 가는데 거기서 무슨 일을 당할는지 알지 못하노라 오직 성령이 각 성

에서 내게 증언하여 결박과 환난이 나를 기다린다 하시나

육의 힘으로만 사명을 완수할 수 없습니다. 성령님의 능력을 받아야 합니다. 바울은 자기 속에 역사하시는 성령님의 능력을 의지했습니다. "내게 능력 주시는 자 안에서 내가 모든 것을 할 수 있느니라"(빌 4:13).

끈질긴 순종을 통해 사명을 완수할 수 있다

사명 완수의 마지막 단계는 순종입니다. 바울은 예수님을 본받는 삶을 살았습니다. "내가 그리스도를 본받는 자가 된 것같이 너희는 나를 본받는 자가 되라"(고전 11:1). 그는 예수님 생애의 절정을 순종으로 보았습니다. "사람의 모양으로 나타나사 자기를 낮추시고 죽기까지 복종하셨으니 곧 십자가에 죽으심이라"(빌 2:8). 예수님의 순종을 통해 우리가 받은 축복은 정말 놀랍습니다. "한 사람이 순종하지 아니함으로 많은 사람이 죄인 된 것같이 한 사람이 순종하심으로 많은 사람이 의인이 되리라"(롬 5:19).

순종은 충성을 의미합니다. 사명 완수는 충성과 관련되어 있습니다. 사명을 완수한다는 것은 사명을 맡기신 분

에게 충성을 다하는 것입니다.

그리고 맡은 자들에게 구할 것은 충성이니라 고전 4:2

바울은 자신이 부족함에도 예수님이 그를 충성되이 여겨 직분을 맡겨 주셨다고 말합니다. "나를 능하게 하신 그리스도 예수 우리 주께 내가 감사함은 나를 충성되이 여겨 내게 직분을 맡기심이니"(딤전 1:12). 하나님의 사명을 맡은 자에게 중요한 것은 충성입니다.

"충성이란 한결같은 마음입니다."
"충성이란 변절하지 않는 마음입니다."
"충성이란 끝까지 순종하는 마음입니다."

"충성"(忠誠)은 '충성' 충(忠)에 '정성' 성(誠)이 합해진 단어입니다. '충'과 '성'은 모두 진실한 마음, 정성스런 마음과 관련되어 있습니다.

"충성이란 마음의 중심에 그 말씀을 이루는 것을 의미합니다."

끈질긴 기도를 통해 사명을 완수할 수 있다

끈질긴 기도 생활 속에 사명 완수의 비밀이 있습니다. 바울은 쉬지 말고 기도하라고 권면합니다. "쉬지 말고 기도하라"(살전 5:17). 성령 안에서 항상 기도하라고 권면합니다. "모든 기도와 간구를 하되 항상 성령 안에서 기도하고"(엡 6:18상). 쓸데없는 일에 끈질기지 않도록 하십시오. 기도에 끈질긴 사람이 되십시오. 다니엘의 생애를 보십시오. 그는 정말 기도가 끈질긴 사람이었습니다. 기도는 하나님의 능력이 오는 통로입니다. 성령님의 기름이 공급되는 도관입니다.

끈질긴 하나님의 사랑에 사로잡힐 때
사명을 완수할 수 있다

바울은 그가 걸어가는 길이 꽃길이 아님을 알았습니다. 그를 기다리고 있는 것이 결박과 환난임을 알았습니다. 하지만 바울은 그 길을 향해 전진했습니다. 그 이유는 그가 받은 하나님의 사랑 때문입니다. 하나님의 사랑이 그를 강권한 까닭입니다.

그리스도의 사랑이 우리를 강권하시는도다 우리가 생각

하건대 한 사람이 모든 사람을 대신하여 죽었은즉 모든
사람이 죽은 것이라 고후 5:14

그는 그리스도의 사랑에 뿌리를 깊이 내렸습니다.

믿음으로 말미암아 그리스도께서 너희 마음에 계시게 하
시옵고 너희가 사랑 가운데서 뿌리가 박히고 터가 굳어져
서 능히 모든 성도와 함께 지식에 넘치는 그리스도의 사
랑을 알고 엡 3:17-18

예수님의 사랑에 뿌리를 깊이 내릴 때 흔들리지 않습니
다. 어떤 고난도 이겨 낼 수 있습니다. 바울은 어떤 고난도
우리를 그리스도의 사랑에서 끊을 수 없다고 선언합니다.

누가 우리를 그리스도의 사랑에서 끊으리요 환난이나 곤
고나 박해나 기근이나 적신이나 위험이나 칼이랴 롬 8:35

그러나 이 모든 일에 우리를 사랑하시는 이로 말미암아
우리가 넉넉히 이기느니라 내가 확신하노니 사망이나 생
명이나 천사들이나 권세자들이나 현재 일이나 장래 일이

나 능력이나 높음이나 깊음이나 다른 어떤 피조물이라도
우리를 우리 주 그리스도 예수 안에 있는 하나님의 사랑
에서 끊을 수 없으리라 롬 8:37-39

끈질긴 하나님의 은혜를 통해 사명을 완수할 수 있다

바울을 붙잡아 준 것은 끈질긴 하나님의 은혜였습니
다. 바울이 받은 복음은 은혜의 복음입니다. 은혜의 복음
이 그를 끝까지 붙잡아 주었습니다. 은혜의 주님이 바울
을 끝까지 붙잡아 주셨습니다. 은혜의 성령님이 바울을
끝까지 붙잡아 주셨습니다. 우리 힘만으로는 사명을 완수
할 수 없습니다. 바울은 은혜에 사로잡혀 살았습니다. 그
는 은혜 없이 살아갈 수 없음을 알았습니다. 바울은 그가
수고한 모든 것이 은혜임을 알았습니다.

그러나 내가 나 된 것은 하나님의 은혜로 된 것이니 내게
주신 그의 은혜가 헛되지 아니하여 내가 모든 사도보다
더 많이 수고하였으나 내가 한 것이 아니요 오직 나와 함
께하신 하나님의 은혜로라 고전 15:10

동역자들이 함께할 때 사명을 완수할 수 있다

사명을 끝까지 완수하기 위해서는 동역자들이 필요합니다. 예수님과 성령님이 바울과 동행해 주셨습니다. 또한 바울의 곁에는 충성된 동역자들이 함께했습니다. 바울은 혼자 은혜의 복음을 전하지 않았습니다. 홀로 사명을 완수한 것이 아닙니다. 바울은 자주 동역자들의 이름을 언급했습니다. 그가 로마 옥중에 있을 때도 그와 함께한 동역자들이 있었습니다. 그중에 한 사람이 누가입니다. 바울은 디모데에게 로마에 올 때 마가를 데리고 오라고 말합니다.

> 누가만 나와 함께 있느니라 네가 올 때에 마가를 데리고 오라 그가 나의 일에 유익하니라 딤후 4:11

육신의 혈육도 물론 중요합니다. 하지만 그리스도인들에게는 영적인 가족이 더 중요합니다. 영적인 가족은 영원히 함께하는 가족이기 때문입니다.

하나님 나라에 초점을 맞출 때
사명을 완수할 수 있다

바울이 증거한 것은 하나님 나라입니다. "보라 내가 여러분 중에 왕래하며 하나님의 나라를 전파하였으나 이제는 여러분이 다 내 얼굴을 다시 보지 못할 줄 아노라"(행 20:25). 은혜의 복음 안에 하나님 나라가 담겨 있습니다. 예수님을 믿을 때 하나님 나라가 우리 안에서 역사합니다. 또한 이 땅을 떠날 때 우리는 하나님 나라에 들어가게 됩니다.

예수님은 지금 하늘로 승천하셔서 하나님 보좌 우편에 앉아 계십니다. 영원한 세계를 바라보며 살아가는 사람이 가장 지혜롭습니다. 영원한 것만 영원히 남습니다. 하나님 나라는 영원합니다. 우리가 받은 영생의 선물도 영원합니다. 이 세상에서 누리는 물질과 명예와 권력은 영원하지 않습니다. 오직 하나님과 하나님의 말씀 그리고 하나님의 나라가 영원합니다. 우리 인간의 영혼이 영원합니다.

바울은 이 세상의 상급이 아닌 하늘의 상급을 바라보며 달려갔습니다. "푯대를 향하여 그리스도 예수 안에서 하나님이 위에서 부르신 부름의 상을 위하여 달려가노라"(빌 3:14). 그는 하늘에서 받게 될 의의 면류관을 바라보며 달려갔습니다. "이제 후로는 나를 위하여 의의 면류관이 예비되었으므로 주 곧 의로우신 재판장이 그날에 내게 주실 것이며 내게만 아니라 주의 나타나심을 사모하는 모든 자에게도니라"(딤후 4:8).

하나님은 우리가 사명을 따라 살기를 원하십니다. 하나님이 주신 사명을 끝까지 완수하십시오. 사명자의 길을 갈 때 성령님이 함께하심을 믿으십시오. 하나님의 끈질긴 사랑을 믿으십시오. 하나님의 끈질긴 은혜를 의지하십시오. 하늘의 상급을 바라보며 달려가십시오. 의의 면류관, 영광의 면류관, 생명의 면류관을 바라보며 달려가십시오. 부디 성령님 안에서 끈질긴 견딤과 끈질긴 기도를 통해 사명을 완수하시길 빕니다.

예수님의 사랑에 뿌리를 깊이 내릴 때
흔들리지 않습니다.
어떤 고난도 이겨 낼 수 있습니다.
하나님의 끈질긴 사랑을 믿으십시오.
하나님의 끈질긴 은혜를 의지하십시오.
하늘의 상급을 바라보며 달려가십시오.